JN162108

戦争責任は何処《どこ》に誰にあるか

昭和天皇・憲法・軍部

山本七平

さくら舎

◆目次

第一章　誰が軍部の支配と戦争を許したか

第七章　日本人の法意識から何が見えるか

戦争責任は何処《どこ》に誰にあるか

——昭和天皇・憲法・軍部

第一章　誰が軍部の支配と戦争を許したか

ひきこもっていた軍部

昭和の大動乱の決定的前兆

時代区分には一応の合理性があるとはいえ、あくまでも後代による便宜的《べんぎてき》区分であるから、大正・昭和という区別はやめ、昭和の前期に大正時代の後期を入れて一時代としたほうが、全体像と時代的変遷《へんせん》がつかみやすいのではないかと思う。

大正元年（一九一二年）の大正天皇の践祚《せんそ》（注：皇位継承）から同十年十一月二十五日の現天皇（注：昭和天皇）の摂政《せっしょう》就任までの十年間は、比較的安泰《あんたい》な小波乱期ともいうべき時代だが、私はこの時代が、その後の昭和の大動乱を予表した前駆症状の時代、昭和史の前半に決定的に作用した時代だと思っている。

形式的にいえば、大正時代は、明治憲法が発動されて二十二年目にはじまり、その体制のそのままの延長線上にある。確かに制度的にはその通りであったが、「天皇親政」を建前《たてまえ》とする明治憲法は、ここで、その内実と運用において、たとえ極秘裡《ごくひり》にでも、「革命的な変化」を遂げざるを得なかったはずである。

というのは大正天皇は、実際は「署名機械」にすぎず、親政が現実におこなわれていたなら、それは実質的には「最終的に署名を求め得る誰かの親政」で、真の統治者はその者だったからである。

これと似た例は、西欧にもあるであろう。イギリスが、ドイツ系のハノーヴァー朝（注：一七一四年にはじまり、名称は変わっても現在まで続く王朝）になったとき、その第一世のジョージ一世もその子の二世も英語がほとんどできず、閣議を主宰することを嫌った。

そのため、それまでは閣僚の任免にも介入する王権が実質的には変化し、閣議を主宰し、その決定を上奏《じょうそう》（注：天子《てんし》に意見を申しあげる）する首相が出現し、その首相が王に署名を求めれば王はただちに署名する慣行が確立した、いわば王の「署名機械化」が完成した。その結果、国王は実質的には統治権の埒外《らちがい》に置かれ、責任内閣制が出来あがったという。

この話が事実なら、大正天皇はジョージ一、二世以上に統治権の埒外にあったはずであり、その体制は、少なくとも現天皇の摂政就任まで約十年間、継続したはずである。

戦後の一時期「新憲法の空洞化」という言葉が流行したが、大正期は確かに「明治的体制の空洞化」した時代であったといえよう。もちろん、当時も現在も、その空洞は、おそらくその体制の建前とは反する一種の慣行で埋められたであろうが——。

天皇の拒否権に対抗する権限が議会にはあった

十年は短い歳月でない。そして一定期間継続した慣行が、それ自体一つの法的な力をもち得ることは、われわれのみならず、多くの国民が体験している。

たとえイギリスにおいて、制度は昔のままで、すべての法令発布も官吏《かんり》の任免も「女王陛下」の名でおこなわれようと、その実体が過去の実体とまったく違うことは言うまでもない。同様に、大正期は確かに明治の統治体制をそのまま継承したであろうが、その実体が、歴史上のさまざまの諸例と同様に、まったく別のものに変質した、否、否応《いやおう》なしに変質せざるを得ない状態に置かれた時代であった。

そしてまたこれは、その後に誰が登位継承しようと、その者が「革命なし」で受けつぐものは、その変質した実体であっても、変質以前の体制ではなかった、ということである。そして、昭和前期の出発点は、この変質した実体にあり、終戦はこの実体の、少なくとも一時的な終焉《しゅうえん》であり、その清算であった。

名目がそのままで実質が変化するか、あるいは変化せざるを得ない状態に置かれた場合、まず最初に起こる現象は、名目的な諮問《しもん》機関の、実質的な決議機関化であろう。そしてこの際、常識的に考えれば、従来から存在した部分的に議決権をもつ機関のほうへ権力が集中していくはずである。

明治憲法の天皇親政という建前からいえば、政府諸機関はことごとく天皇の諮問機関であり、また天皇の決定を実施する実施機関で、自らに決定権はないはずである。とはいえ議会は例外であり、制限選挙とはいえ議決権をもつ民選の立法府であった。

確かに天皇はこの立法府の決定に対して規定上は拒否権をもっていたが、同時に議会も三分の二の絶対多数で、この天皇の拒否権を乗り切る権限をもっていた（注：この点については諸説あるもよう）。明治憲法において、名目的にこれほど大きな権限をもった機関は他にないはずであり、その意味で唯一の決議機関だったはずである。

とはいえこの条項は実質的には空文であり、天皇が拒否権を発動したことは一度もなく、したがって、議会がこの拒否権を乗り切った例も当然になかった。

だがこのことは、もちろん、大正帝が「署名機械」にすぎなかったから、実質的な権限が、唯一の決議機関であった議会にだけ移行したことを意味してはいない。

権力を握る好機を迎えながら

それにふさわしい権限を法的に所持し、しかも天皇は「署名機械」にすぎないという好機を迎えながら、なぜ議会は権力を決定的に握り得なかったか。

私は、これに関する納得できる説明は、まだ読んだことがない。というのは、往々にしてその理由とされる制限選挙や重臣・軍部は、必ずしもそれらの存在が議会の無能力化を意味しないからである。

民主主義の元祖の如《ごと》くいわれるイギリスでも、一八三二年（注：第一次選挙法改正法が成立し、民主的選挙方法が多少ははじまった年）には、有権者は成人人口のわずか五パーセントであり、実質的には秘密投票といえず、「権力者の目から見て間違った投票をしたものは、それを後悔したくも、それに必要な時間だけ生存していなかった」のが実情である。

そして、イギリスで正確な意味の「普通選挙」がおこなわれるようになったのが昭和三年（一九二八年）であることを思えば、普通選挙法——もちろん両者の内容は同じでないとはいえ——が、大正十四年（一九二五年）に発布された日本の議会は、少なくとも名目的には、この面ではイギリスと大差なかったはずである。

また「腐敗選挙」「民度の低さ」もその理由にはならない。戦後の選挙が理想的とは誰も考えていないであろうが、国会はすでに三十年間、機能しつづけてきた。

またいわゆる「民度の低さ」だが、政治意識ではまず問題にすべきはその意識の内容であっても、「高さ・低さ」という尺度ではない。「意識の高さ・強さ」というなら、原敬《はらたかし》（注：一九一八年に総理大臣に就任。平民宰相と呼ばれた）を刺殺した中岡艮一《なかおかこんいち》や浜口雄幸《はまぐちおさち》（注：一九二九年に総理大臣に就任）を死に至らしめた佐郷屋留雄《さごやとめお》といったテロリストたちも、強烈な政治意識をもっていたはずである。

では議会ははじめから無力であったのであろうか。そうではない。当然のことながら、天皇の諮問機関（そのなかには参謀《さんぼう》本部も軍令部も入るが）の慣習的諸権限を抑えて、まず議会と内閣が主導権を握った。

事実、大正元年十二月二日（明治帝の大葬の三ヵ月後）、第二次西園寺《さいおんじ》内閣・閣議での二個師団増設案否決による上原勇作《うえはらゆうさく》陸軍大臣の単独辞職、各地での師団増設反対護憲大会の開催、翌二年二月の護憲運動の国会へのデモ、同六月の山本権兵衛《やまもとごんべえ》内閣による軍部大臣任用資格の現役以外への拡大、翌三年三月の貴族院による海軍建艦費の大削減、さらに十二月の衆議院における二個師団増設費の否決、等々の状態を目にしたものには、少なくともその時点では、昭和八年以降の無力化した議会の姿は、想像するだに困難だったに相違ない。

軍人より政党の総裁

一進一退があったとはいえ、政治の中心は徐々に議会＝衆議院に集中してきた。そして大正七年の原敬内閣の成立、陸海軍・外務以外はすべて政党人で構成し、一時的とはいえ原首相が、文官で最初の海軍大臣事務管理（注：海外視察などで海相が役割を果たせないときの、代行役の名称）に就任したことは、議会が実質的に、国権の頂点に立ったことを意味するであろう。

　サタデー・レビュー誌（注：ノーマン・カズンズ編集長の活躍で有名な、アメリカの硬派週刊誌）の、イギリスは民主主義というより「下院独裁」の国であり、政権は「理論的には議会と国王と上院で構成されている」とはいえ「実権は下院のみであって、国王は慣行により、上院は法と慣行により」無力化されている、という定義を援用するならば、少なくともこの時期は、議会以外の存在、――大正天皇はもちろん、重臣も軍部も――政治的にはほぼ無力化された時期――いわば「下院独裁」に近い一時期であった。

　大正十一年の建艦中止、十四年の四個師団廃止は、その延長線上の決定と見るべきであろう。

　そしてこの状態はまがりなりにも昭和七年まで続き、田中義《たなかぎ》一《いち》のように政治に野心のある軍人も、政権をとるには、まず政党の総裁に迎えられることが必要であったのは、昭和二年にもなお政党がそれだけの力をもっていたことを示している。

　これとまったく同じケースは、明治時代にも、その後にも見られない。だがこの時期――議会中心、天皇の「署名機械」化の時代――は、大正元年にはじまって、昭和七年の犬養毅《いぬかいつよし》総理の暗殺により、すなわち田中内閣に続く、浜口、若槻《わかつき》、犬養内閣で終わったと見るべきであろう。以後、太平洋戦争終結まで、政党総裁の総理は存在しない。

戦後に強い作用をもたらす

私は、この大正元年―昭和七年の約二十年間を、大正＝昭和期の第一期と見る。この期間はまた、左翼的民衆運動の簇生期《そうせいき》（注：群《むら》がって生じる時期）であり、戦後の運動の予型を示すとともに、戦後も活動した政治家・社会運動家の名が見えはじめる時期である。すなわち西尾末広《にしおすえひろ》らの「職工組合期成同志会」の結成（大正五年）、市川房枝《いちかわふさえ》らの新婦人協会の結成（大正九年）、平野力三《ひらのりきぞう》らの「全日本農民組合同盟」の結成（大正十五年）、書記長鈴木茂三郎《すずきもさぶろう》の無産大衆党の結成（昭和三年）、水谷長三郎《みずたにちょうざぶろう》らの労農大衆党の結成（昭和四年）などは、そのほんの一例にすぎないが、当時の情況とこれらの系譜をたどっていくと、戦後の二《に》・一《いち》ゼネスト（注：一九四七年二月一日に計画されたが、直前にマッカーサーの指令で中止）の企画から片山哲《かたやまてつ》内閣（注：一九四七年発足の初の社会党内閣）の樹立までは、人の意識も組織の動き方も、ほぼ大正末期から昭和初期のままであり、その考え方・行き方には、ただ十二年の中断があっただけで、必ずしも戦後独特の新しい行き方とはいえない気がする。

また当時の社会主義政党が、はたして親軍なのか反軍なのかも、議会制度・投票・言論の自由等を肯定しているのか否定しているのかも非常にわかりにくい。

というのは、満州事変（注：昭和六年九月からの、日本と中華民国の間の武力紛争）の最中に――ということは、チチハル（注：中国東北部の地名。以下も同）占領後で、錦州《きんしゅう》・ハルビン占領前の昭和六年十一月二十二日に――社会民衆党の中央委員会が満州事変支持を決議しているが、その前後のさまざまな小党派のさまざまな動きを見ていると、それも別に不思議とは思えない。いずれにしても、社会とか大衆・民衆・労働といった言葉を冠しているから同系統といった見方はできないように思われる。

とはいえそれには、大正＝昭和第一期が到達した一つの極限を示していたであろう。

どうやって陸軍は日本を支配したか

あるデマの真相

　第二期は、昭和八年―二十年の約十二年間である。期間的に見れば、軍部が政権を掌握《しょうあく》した時期は、意外と感ずるほど短い。というのは、軍部がほぼその主導権を握ったのは、昭和十二年（一九三七年）以降だからである。

　だがこの年でも議会は、五月二十八日、政友・民政両党が林銑十郎《はやしせんじゅうろう》内閣の即時退陣を要求、三十一日にこれを総辞職に追いこむだけの力はまだもっていた。だが議会がその力で内閣を退陣させたのは、戦前では、これが最後であったろう。

　そして六月四日に近衛文麿《このえふみまろ》内閣ができ、七月七日の盧溝橋《ろこうきょう》事件（注：北京《ペキン》南西の盧溝橋で起きた日本軍と中国国民革命軍との衝突事件）で日華《にっか》事変（注：日中戦争）がはじまったわけだが、以後の内閣は終戦まですべてが、軍部のカイライ内閣だといって過言ではあるまい。

　確かに、単なる暗殺もしくは暗殺未遂事件でなく、右翼および軍部のクーデターによる奪権計画は、昭和六年の三月事件と十月事件、八年の神兵隊《しんぺいたい》事件、九年の士官学校事件と続き、十一年の二・二六事件で具体化した。

ただ二・二六事件以外は、報道が規制されていたためであろうか、私のような当時の普通の庶民には、ほとんど注目されない事件であった。事実、一部の事件とその内容は、関係者以外はその存在すら戦後まで知らなかった。

昭和十二年当時、「軍の横暴」「軍部には困る、困る」が、多くの人の挨拶のようになっていたとはいえ、そう感じた理由はこれらの未発のクーデターのゆえではない。

また、議会に対して人びとが失望し、政党の腐敗堕落に愛想をつかし、清新な軍の維新を期待したという説も、私には、実感のある体験ではない。

確かに売勲《ばいくん》疑獄（注：叙勲をめぐる汚職事件）、五私鉄疑獄（注：北海道鉄道などの五社が鉄道大臣に便宜を図ってもらったとされる汚職事件）、帝人事件（注：帝人株取得をめぐる大疑獄事件）等の諸事件があり、現職の大臣がその一部に連座したとはいえ、一方には陸軍大将山梨《やまなし》半造《はんぞう》が朝鮮総督であった時期のことについての朝鮮総督府疑獄があり、また昭和四年九月二十九日の前首相田中義一の死は実は自殺であって、陸軍の機密費で政友会総裁の地位を買ったのが発覚しそうになったためだ、というのが当時の〝常識〟だったからである。

したがって、政党は腐敗堕落しているが軍人は潔白だなどということは、誰も信じてはいなかった。それはその六年後に、永田《ながた》鉄山《てつざん》が陸軍省内で相沢三郎中佐に斬殺《ざんさつ》されたとき、すぐに、彼が軍務局長の地位を利用して財界から多額の賄賂《わいろ》をとったためだというデマが飛んだことからも明らかである。

このデマはまるで事実のように語られ、私も耳にしたが、真相は、軍人の視野があまり狭くなることに弊害《へいがい》を感じた彼が、中堅将校と財界人の定期的会合を企画したことにあるらしい。

もっとも真相は今でも不明だが、もしこのデマが事実でないなら、その原因の大部分は、前述の事件の記憶と、軍がその内部を国民の前に極力隠蔽《いんぺい》していたことにあるであろう。

「世論に惑わず」「政治に拘らず」

例外的存在を除外すれば、軍は一種の閉鎖社会で、満州事変当時までの一般軍人は、政治への関与に、一種の強い罪悪感をもっていたことは否定できない。

言うまでもなくこれは、「世論《せいろん》に惑わず」「政治に拘《かかわ》らず」の「軍人勅諭《ちょくゆ》」（注：明治天皇が陸海軍の軍人に下賜《かし》した勅諭）を神聖視したからで、いわゆる世俗的常識をもたず、これに無関心かつ無知であることを逆に一種の誇りとする一面はほとんどすべての軍人にあった。

同時にこのことは、いわゆる世論の「軍部批判」と内閣による軍部への統制を神経症的に拒否する体質を生んだ。

これは統帥権《とうすいけん》の神聖視にも、また昭和八年の「軍部批判は軍民離間の行動」という陸海軍両省の声明にも現れている。

彼らは、軍は天皇の軍隊であり、統帥権は内閣から独立しているから、いかなる場合も内閣の指示を受ける必要はまったくなく、まして、その行動を議会に掣肘《せいちゅう》（注：干渉して妨げる）されることなどは、あり得ないと信じていた。そして彼らの信じた通りに今でも信じている人がおり、満州事変以降、軍はまったく自在自尽《じじん》（注：障害がなく、自身の思いのまま）に行動したかの如くにいわれている。

だがこの見方はどう考えてもおかしい。というのは、軍が行動を起こせばすぐさま戦費がいる。その戦費の支出は内閣に求めねばならず、内閣はまた国会の承認を得なければならない。

事前に内閣の了解を得ずに軍事行動を起こしても、もし、了解のないことを理由に内閣が戦費の支出を拒否したら、その行動は即座に打ち切らねばならず、一切の計画は御破算になる。

したがって内閣と議会は、予算面で、当然、軍部の行動を統制できたはずであり、彼らが完全にフリーハンドであったという戦争直後からの主張は、当時の行政府責任者の責任回避ないしは転嫁《てんか》に起因する説であろう。

関東軍が満州で事を起こすと同時に、内地では桜会（注：超国家主義的な陸軍の軍閥組織）と大川周明（注：国家主義の思想家）がクーデターをおこなって軍部内閣を樹立する（一九三一年の、いわゆる十月事件）という計画は、考えてみれば当然の計画である。

議会が予算を握っている限り、たとえ事後承諾であれ内閣の承諾を得るか、軍部内閣をつくるか、内閣の任免権を実質的に掌握するか、しない限り、戦闘の継続も軍の移動も不可能だからである。

十月事件が失敗に終わった以上、若槻内閣の決断で、満州事変を第二の河本《こうもと》事件（注：中華民国の大元帥・張作霖《ちょうさくりん》が、関東軍高級参謀・河本大作《だいさく》の謀略で爆殺された事件）として終わらせることは、可能だった。そして関東軍の首謀者が、一時はそれを覚悟したかに見えるのも、理由のないことではない。彼らは内閣と議会を絶対に信頼しなかった。否、むしろ明確に敵視していた。

ところが若槻内閣には、軍も意外と感ずるほど抵抗がなかった。昭和十五年ごろの戯言《ざれごと》に「原敬はハラを刺され、井上（準之助）は胃の上を射たれ、団男（団琢磨《だんたくま》男爵）は段々（階段）で倒る――されど『若槻ばかり射つものはなし』」というのがあった。そしてこれは、軍部が彼に「借り」を感じているからだ、ということであった。

軍は強烈な被害者意識をもちつづけていた

議会は敵だ、ただし若槻は別だという感じを軍がもつのも、一面、無理はない。軍の側から見れば、大正元年の上原陸相単独辞職以来、軍は常に予算の面で議会に煮湯《にえゆ》をのまされつづけ、一歩一歩と後退縮小を余儀なくされたと感じていた。そしてそれに抵抗するのが精いっぱいで、拡充や近代化などもちろん不可能であり、それは大正十四年の陸軍四個師団の廃止から昭和五年の枢密院《すうみついん》によるロンドン条約無条件承認・批准《ひじゅん》まで続いていた。

そして満州事変は、この批准の一年後だからである。事を起こしさえすれば、予算は後からついて来る、という慣行をつくった責任は、若槻内閣にある。そしてこれは、軍部にとっては第一の橋頭堡《きょうとうほ》（注：よりどころ）であった。

戦後三十年（注：一九七五年時点）、「軍は加害者」という定義はすでに定着し、疑問の余地なき常識となっている。したがって、軍が戦前も戦時中も、いわば大正・昭和時代を通じて、一貫して強烈な被害者意識をもちつづけていたことは、今の人には意外であろう。

ノモンハン事件（注：一九三九年に満蒙国境をめぐって起こった日本軍とソ連・モンゴル軍との紛争）の敗滅は、少なくとも軍の内部では公然の秘密であった。しかし彼らはこの結果を、軍の無計画・無謀《むぼう》にもとづく、自らが責任を負うべき問題とは考えず、議会が軍の予算を削り、そのため近代化・機械化が遅れたためと考え、したがってノモンハンの敗滅は軍が被害者で議会が加害者であると考えていた。

「軍の予算を削るという利敵行為のため……」という言葉は、昭和十七年当時も、当然のように口にされていた。

この被害者意識は実に広く、かつ深く、戦後にまで尾をひき、軍人恩給復活時における旧軍人の投書にまで現れている。したがって、形を変えて自衛隊にひきつがれている可能性もあるであろう。というのは軍がこの意識をある程度払拭《ふっしょく》し得たのは、大正・昭和史を通じて、昭和十三年から二十年まで、わずか七年間だけだと思われるからである。

これは、軍の上層部においては、第一次近衛内閣における杉山元《すぎやまはじめ》陸相の「政党出身大臣のいる閣議での発言拒否」に、また中堅クラスにおいては昭和十三年の、陸軍省軍務課の一課員にすぎない佐藤賢了《さとうけんりょう》中佐の衆院委員会における「ダマレ」等に端的に現れている。

また下士官においては、四個師団廃止当時、定員過剰のためいつまでたっても軍曹で営外曹長（営外居住を許可された曹長）になれず、したがって四十歳近くなっても結婚できない悲哀を歌った「桃栗三年柿八年〇〇軍曹十三年」（〇〇に適宜《てきぎ》名を入れる）という軍隊内俗謡にも現れ、また、青年将校が好んで歌った「昭和維新の歌」の底に流れるものも強い被害者意識であって、その意識を他に仮託しているにすぎないであろう。

また二・二六事件の将校が、最後には竣工《しゅんこう》直前の国会議事堂を爆破して自決する予定だったというデマも、彼らの心情の人びとの受けとり方を示しているであろう。

予算編成の実権と審議権

戦後、大きく取りあげられる散発的な反軍行為や個人的徴兵拒否は、実際には、軍にとって、たいした問題でなかった。否、それを否定し、処罰し、罵倒《ばとう》し、戯画《ぎが》化することによって、反面教師として逆に利用できるものでさえあった。

彼らの内心において本当に敵視し、何としてもその実権を奪おうと思っていた対象は、内閣と議会がもつ予算編成の実権と審議権であったはずである。これが軍の手足をしばっているると彼らは感じていた。確かにその通りである。たとえ軍が常に強力な圧力団体であっても圧力団体には自ら限度があった。

二・二六事件直後にとんだデマに「高橋是清《たかはしこれきよ》の命は二千万円」というのがある。これは、彼が陸軍の予算を二千万削ったために殺されたの意味であり、二・二六事件の一面が「軍の要求通りに予算を編成しない者は殺すぞ」という脅迫の如くに受けとられていたことを示している。

もちろんこれは事実と相違するが、しかし軍が何を敵視し何を狙っているかは、庶民にまで知られ、一種の常識にまでなっていた証拠であろう。しかし、この奪権は内閣と議会を支配しない限り――ということは軍自身が天皇になって、しかも、それまで未発の拒否権発動でもしない限り、不可能なはずであった。

二・二六事件の起こった年すなわち昭和十一年の五月十八日、誰もほとんど気づかぬうちに「軍部大臣現役武官制」が復活した。これは大正二年の山本権兵衛内閣による「軍部大臣任用資格の現役以外への拡大」以来の建前が崩れたことを意味する。

だがこのことの重要性には誰も気づかない、といってよかった。というのは、建前がどうであれ、それまでも現実には軍部大臣は現役軍人であり、原敬のような例は例外中の例外にすぎなかったからである。したがって人びとにとっては、単なる事実の追認にすぎず、この例外がどれだけ大きな心理的な力をもつものか理解しなかった。

そしてこれで軍部は、内閣の中に、強力な第二の橋頭堡を築いたわけである。その力は、翌昭和十二年一月に、明らかになった。組閣の大命を受けながら、ついに組閣不能で辞退に追いこまれた「宇垣《うがき》内閣の流産」がそれである。

画一的でなかった「政談」

「歴史」とは不思議なものである。たとえば灯台社の事件（注：明石順三《あかしじゅんぞう》主宰のキリスト教団体成員の大半が兵役拒否で検挙される）のように、その当時は誰にも知られず、したがって実際には何ら社会的影響は与えていないのに、戦後になって大きく取りあげられると、それが同時代にも大きな意義のあったことのように人びとに錯覚される。

一方、それが起こった時点では、人びとが日本がひっくり返るように驚き、憤慨したり論じあったりしたこと、そして事実それが、人びとの感じた通りその時代に決定的な影響を与えているのに、後代にはほとんど関心をひかない一挿話と化している場合もある。宇垣一成《かずしげ》の組閣辞退は、この例に入るであろう。

戦後のようにテレビ・ラジオが普及し、新聞・週刊誌等があふれると、いわゆる新鮮な「庶民感覚」がなくなり、すべての人が定型的インテリ的発言をするようになる。さらに意見がマスコミの口まねであるだけでなく、マスコミが怒れば怒り、非難すれば非難し、美化すれば美化する、という形にさえなる。

そのため議論があるようで実はない。第一、成り立たない。したがって今では床屋政談とか風呂屋政談とかいったものはなく、みな、画一的なテレビを見ているか、テレビの口まねをしているだけになってしまう。

だが昭和十二年当時はこれと非常に違った状態であった。第一、情報量が非常に少ないので、人びとは情報に押し流されることなく、これを受けとめて、自分の考えをもち得た。

　また、その少ない情報は今のように画一的でなかった。確かに、あるものは大阪朝日で河上肇《かわかみはじめ》（注：マルクス経済学者）の「貧乏物語」を読み、別のものは国民新聞で徳富蘇峰《とくとみそほう》（注：ジャーナリスト）の論説を読むという時代は過ぎていたが、大新聞は第二朝日と第三朝日、などといわれる昨今《さっこん》のような状態でなく、各新聞の特徴も今のサンケイ（注：現「産経」）と赤旗ぐらいの差はあった。そこで「政談」のたねは常に豊富だったわけである。

「陸軍三長官独裁国」になった日本

　私は、戦前において、昭和十二年一月二十五日から二十九日までの五日間ぐらい、人びとが本当に興奮して政治を論じあった時を知らない。新聞の報道は今と比べれば比較にならないほどセンセーショナルではないのに、それを読んで論じあう人びとのかもし出す雰囲気には一種異様なものが感じられるほどであった。いわば今はもうない本当の「庶民のカン」であろうか。

　彼らは何か異様なことがはじまったこと、そして異様な方向に行ってしまいそうなことを、明確にかぎとっていた。興奮は中学生にまで伝播《でんぱ》した。ツメえりでズックのカバンを肩から下げた中学生が、電車の中で、宇垣問題を論じあっていた。

　私は、この庶民の驚きは、当然のことだと思う。というのは、この事件は、ここで大正＝

昭和型「天皇制」は終わり、「陸軍三長官制」（注：三長官は陸軍大臣・参謀総長・教育総監）がはじまったという、一種の〝革命〟だったからである。

庶民の感覚は端的なものである。当時の日本の主権者が天皇であったということは、彼らにとっては、天皇がある人間に「おまえは総理大臣をヤレ」といえば、その人間が無条件で総理大臣をやることであった。

この場合、なぜ天皇がその人間に「総理大臣をヤレ」といったかは、庶民には関係がない。たとえばイギリスのようにまた原敬以後のように、議会の多数党の党首が自動的かつ形式的に「ヤレ」といわれるのであれ、また元老《げんろう》・重臣の推挙した者が「ヤレ」といわれるのであれ、なにしろ「ヤレ」といわれた者がやるというのが、庶民のもつ秩序感覚であり、それに横槍《よこやり》が入るということは、彼らにとって、一種異様な事態の発生と感じられたのであった。

そして私は、こういう感覚をもつのは、日本人だけでないと思う。というのは、たとえばイギリスでは多数党党首が自動的に女王から首相に任命されるわけだが、もし、何らかの勢力が横合いからこの首相就任をさまたげたら、やはり、当時の日本人と同じような状態になると思うからである。

宇垣一成に組閣の大命は降下した。だが、陸軍は三長官の合議にもとづき、陸相は出せないと通告した。なにしろ「軍部大臣現役武官制」が復活している。宇垣は陸軍大将とはいえ、予備役《よびえき》であって現役ではない。したがって一時的兼任で一応組閣をすませることはできない。当然、組閣不能となり、彼は大命を辞退せざるを得なくなったわけであった。

これは、軍部が天皇への拒否権を獲得したことであり、また総理の最終的な任免権は実質的に軍部の手に握られ、天皇はただ単に総理候補を軍に推薦できるだけで、軍部の拒否にあわなかったときにのみ、その者が総理になり得るにすぎないことを意味していた。

さらに、たとえ一応組閣が完了しても、三長官が合議して陸軍大臣をひきあげればその内閣は崩壊する。ということは、内閣の死命は三長官の手に握られ、その合議決定が、日本の最高意思の決定となることである。ということは、日本は「陸軍三長官独裁国」となり、閣内でその意思を代行する陸相が実質的には首相で、これをチェックする機関は皆無《かいむ》だということである。

四年後、昭和十六年十月の、現役・陸相兼任の東条首相の出現は、このときすでに予定されていたわけである。したがって木戸内府《きどないふ》（注：木戸幸一《こういち》内府。内府は「内大臣」のことで、天皇の側近に常にいて、輔弼《ほひつ》する大臣）の東条《とうじょう》推奏の背後には、誰が出てきても所詮《しょせん》同じだ、ここで陰の首相を表に出して、その責任で事態を収拾させようという思惑《おもわく》があったのも、少しも不思議ではない。

第二、第三の奪権が完了

だがこの三長官の会議が「軍の意向」を決定するという主張は、いかなる根拠にもとづくのであろうか。元来、参謀部とは総司令官たる天皇に直属する文字通りのスタッフであり、諮問機関であって、自らに決定権はない。したがって天皇の裁可なく自らの意思《いし》を表明することはできない。

また陸軍大臣は、内閣の一員であり、建前からいえば統治権をもつ天皇の補佐官にすぎず、これもまた何らかの決定権をもつわけではない。

また教育総監は、軍隊内教育の立案・実施の総括者であり、その所管事項の大綱《たいこう》の決定は天皇の裁可を必要とする。これもまた決議機関ではない。そして三者はそれぞれ別個に天皇に直属している。

天皇制の建前からいえば、この決議権のない三者の合議決定が、天皇の裁可なく有効であり得るのであろうか。原則としてはあり得ない。とはいえ彼らに、典拠が皆無だったわけでなく、軍隊内部のいわばそれぞれの管掌部門の「施行細則」というべきものは「三長官ノ合議ニヨリ之《これ》ヲ定ム」と定められてはいた。

そしておそらく大正時代にこの規則を拡大解釈して、三長官会議が実質的に軍の内部的な、最高意思を決定する決議機関となったものと思われる。

　事実、新しい内閣ができた場合、陸相の選考は三長官に一任され、三長官が推挙する者が自動的にその内閣の陸相になるという慣行は、すでに大正末期には確立していたように思われる。そしておそらくそれは、単に軍の内部的調整の問題として、誰もあまり気にとめなかったことであろう。したがって軍としては、特にまったく新しくかつ違法の革命的なことをおこなったわけでないという立場をとりえた。

　また組閣の大命の拝辞は、先例のないことでもないといって、暗に軍部を弁護する論調もあった。いわば、事を小さく見せてリアクションを防ごうという配慮であろう。そしてこれが今なお、この問題の見方に影響を与えていると私は思う。

　確かに十一年三月四日、近衛文麿も組閣を命じられて辞退している。したがって辞退には先例があり、必ずも異常な事件ではない、これが異常視させまいという論調の主軸であった。そして近衛公の辞退はいわば直前だから説得力があった。

　だが、実際は、近衛公は自らの意思と一身上の理由で組閣にかかることなく即座に辞退しており、一方宇垣は、何とか組閣しようと五日間苦闘してついに成らず、軍部によって辞退に追いこまれたのであって、この二つはまったく違う。そして軍部はここで内閣の生殺与《せいさつよ》奪《だつ》の権を手に入れ、第二の奪権に成功したわけである。

だが、それによってできた林銑十郎内閣は、いわゆる「食い逃げ解散」（注：予算を通過させてから解散したこと）をやって議会と正面衝突となり、前述のように、十二年五月三十一日に、成立以来わずか四ヵ月で退陣した。

ここで軍部にとって残っている障害は議会だけであることが明らかとなった。ここに内容明細一切不明の「臨時軍事費」を、軍機（注：軍事上の機密）をたてに説明抜きで可決させるべく議会を骨抜きにすれば、それで軍部の最終目的は達せられるわけである。

そしてそれは、昭和十五年二月、衆議院における斎藤隆夫《さいとうたかお》（注：軍部に抵抗した立憲民政党の政治家）の対中国政策批判を問題化してこれを除名させ、三月二十五日「聖戦貫徹議員連盟」が結成され、これに各党に解党を進言させ、八月十五日の民政党の解党をもって全政党の解党が終わったとき、最後の第三の奪権が完了したと見てよいであろう。

したがって、陸軍が、何の掣肘もなく完全に日本を支配した期間は、ちょうど五年間ということになる。

戦費を支出したものの戦争責任

「最高戦争指導会議」設置のとき

戦後、一切の責任は軍に負わされた。「軍が勝手に暴走した」「軍が勝手に戦争をはじめた」は、今では異論なき定説である。そして自衛隊にその危惧《きぐ》を表明する者もあれば、シビリアン・コントロールにその安全弁を求め、これを厳格に実施し、監視を厳重にせよと強調する人もいる。

だが、戦国時代ならいざ知らず、少なくとも近代戦においては、戦費を度外視して軍だけが動くことは不可能だというわかり切ったことが、なぜか、常に無視されているのである。日露戦争においてすら、すでに、もっとも重要な問題は戦費の調達であった。

言うまでもないことだが、満州事変にはじまる昭和十五年戦争は、天文学的数字の戦費の調達なくしては不可能である。したがって、内閣も国会も、予算面から軍をコントロールすることが可能であった。ただ現代と同様、当時も、戦費の掌握が軍をコントロールするもっとも的確な手段だという認識が、内閣にも国会にも国民にも新聞にも欠けていた。

この点がイギリスと非常に違うと思う。彼らは、下院が予算を握っている限り、軍の暴走などはあり得ないことを知っていた。同時に、何があろうと、その最終的責任は下院にあることも知っていた。

ところが日本では軍の横暴を非難し、軍は困る困ると口ぐせのようにいいながら、自らのもつ決定的な手段で、本気でこれをコントロールしようとする者がいなかった。そして戦後においても、この決定的な面での責任の追及も問題点の究明もない。

一方、軍のほうは、自分たちの行動を束縛しているのが何であるか的確に知っており、自分たちのほうで予算をコントロールすべく、あらゆる手段を駆使し、ついに目的を達成したといえる。

そしてすべてを完全に掌握し切ったのは、昭和十九年の八月五日の「最高戦争指導会議」設置のとき、すなわち、敗戦の一年前であったといえるであろう。

「天皇に戦争責任なし」の内実

昭和二十二年十月十日、東京法廷の首席検察官キーナンは、「天皇に戦争責任なし」と言明した。これはおそらく対日理事会と総司令部の最終的決定と思われる。

戦争が終わって二年余、彼は、いかなる論拠にもとづいてこの結論を出したのであろうか。

通常これは、高度の〝政治的決定〟だといわれるが、はたしてそうであろうか。

戦争直後は彼らが、天皇に対してニクソン以上の好意をもっていたとは思えない。元来彼らは、いわゆる〝政治的配慮〟がきわめて少なく、奇妙に杓子定規《しゃくしじょうぎ》なところがあり、それは韓国出身の唯一の将官（皇族を除く）洪思翊《こうしよく》中将の処刑を、まったく政治的思慮なしにおこなった点にも表れている。

私はいまこの戦犯裁判記録を読んでいるが、これを、「天皇に戦争責任なし」という言葉と対比してみると、彼らの中に、権限・命令・責任といった問題についての、非常に明確な概念があることに気づく。

われわれのいう「偉い人だから責任があるでしょ」といった意味の非常に漠然とした「責任」という概念と彼らのそれとは、まったく別種のものに思える。

たとえ彼らに何らかの政治的配慮があった場合にしろ、彼らは、いわば屁理屈《へりくつ》であってもそれを論理づけて自らを納得させる何かがなければおさまらぬという一面がある。

黒を白というにしろ、黒が白であることを論理的に立証し、また自らもそれに納得する必要が彼らにはあり、無根拠の〝政治的配慮〟では、自他ともに納得できないはずである。したがっていわゆる政治的配慮で満足して、それ以上追及しようとしないと見たのは、むしろ日本的見方であろう。

キーナンが「天皇に戦争責任なし」とした理由の一つは、御前《ごぜん》会議における多数決原理という問題である。これは米内光政《よないみつまさ》（注：終戦当時の海軍大臣）への「戦争責任なし」にも適用されたと思われるが、多数決による決定は合議体の全部を拘束《こうそく》するが、これに反対した少数意見者はその決定に責任を負わない、という原則である。

もう一つが「戦費の支出を決定したのは、選挙により選出された下院（衆議院）であっても、天皇ではない。また下院の決定に対して拒否権を行使する権限は、実際には天皇はもっていなかった」というのがイギリスの主張だったそうである。

私自身、こういう見方が、そのまま当時の日本を正確に把握《はあく》しているとは思わないし、これらは今後の探究の課題ではあるが、しかし彼らの視点からすれば、そういうことになるであろうとは思う。

だが、「資金を提供した人間に責任がある」また「戦費の支出を可決した機関に最大の戦争責任がある」という視点は、確かに無視すべき視点ではないと思う。そして、昭和十五年戦争をこの視点からもう一度検討してみることは、われわれの将来にとっても必要なことではないであろうか。

第二章　昭和天皇はなぜ自ら「立憲君主」と規定したか

「日本人と天皇」の歴史

天皇は虚位？

日本人が天皇に抱いていた心像《イメージ》と、昭和天皇の自己規定には明らかに乖離《かいり》があった。これがもっとも劇的に現れているのが二・二六事件であり、天皇にもっとも忠誠があると自ら信じていた者が、昭和天皇にとっては許すべからざる叛逆者《はんぎゃくしゃ》であった。

これほど劇的でなくても、御大喪《たいそう》（注：天皇の葬儀）前後に現れた批判を読むと、それは自らが描いた心像《イメージ》への批判であっても、昭和天皇への批判としてはまことに的《まと》はずれと思われるものが多い。なぜこのような乖離が起こったのであろうか。

まず昭和天皇の自己規定は明確な「立憲君主」であり、明治憲法発布のときの明治天皇の勅語《ちょくご》「朕及《および》 朕カ子孫ハ将来此ノ憲法ノ条章ニ循《したが》ヒ之《これ》ヲ行フコトヲ愆《あやま》ラサルヘシ」を厳守されることであった。立憲君主制とは言葉を変えれば制限君主制だが、昭和天皇にとってはこの制限は明治天皇が定められたもの、いわば「祖宗《そそう》」の掟《おきて》であり、絶対に違反してはならないものであった。

そして明治憲法のもっとも重要な条文は第五十五条の「国務各大臣ハ天皇ヲ輔弼《ほひつ》シ其《その》責ニ任ス　②凡《すべ》テ法律勅令其ノ他国務ニ関《かかわ》ル詔勅ハ国務大臣ノ副署ヲ要ス」であろう。

この規定にもとづけば天皇は閣議に出席できず、閣議での発言権をもたず、閣議の決定に拒否権をもたないことになる。

これは内閣が帝国議会の信任によって成立している以上、これの決定への天皇の拒否権の行使は、議会および国民との対立になるから当然であろう。もし天皇が拒否権をもてば一種の専制君主であり、それならば全責任は天皇にあるといってよい。

以上の点を明確に記《しる》したものが一木喜徳郎《いちききとくろう》・美濃部達吉《みのべたつきち》（注：両人とも枢密院《すうみついん》院長などを務めた保守本流の法学者）のいわゆる「天皇機関説」だが、これへの批判の歴史もまた古い。もっともそれが学界内の論争にとどまる間は実際の政局には影響がないが、政治問題化すると社会全般に大きな影響を与える（注：機関説問題については、著者の、さくら舎刊『なぜ日本は変われないのか』で詳述されている）。

「機関説批判」というが、これは明治憲法への「逐条解釈《ちくじょう》」への批判乃至《ないし》は非難で、それは結局、明治憲法の否定につながる。しかしこの憲法は明治天皇が公布した「欽定憲法《きんてい》」（注：君主が制定した憲法）である以上これを正面から否定することは批判派にもできない。そこでその鉾先《ほこさき》が「解釈」へと向けられた。

問題の焦点は次の点にあったであろう。

すなわち一木喜徳郎の「天皇と議会とは同質の機関と見做《みな》され、一応、天皇は議会の制限を受ける」「憲法が国務大臣は元首の行為についても責に任ずることを規定せるは、すなわち、国務大臣に与うるに元首の命令の適法なるや否《いな》やを審査するの権を与うることを包含《ほうがん》するものと認めざるべからず」「国務大臣は一方においては元首の命令の適法なるや否やを審査するの権を有し、したがって、その違法と認むるものは、これを執行せざる責任を有する」（注：『国法学』プリント。明治三十二年版。原文はカタカナ）。

そして美濃部達吉の「立法権に関する議会の権限を天皇のそれと対等なものに位置づける」「原則として議会は天皇に対して完全なる独立の地位を有し、天皇の命令に服するものではない」（注：『逐条憲法精義』）であろう。

以上のことは、立法、予算の議決、閣議決定といった一国の内治・外交のもっとも重要な部分について、天皇は「無権限」といっているに等しい。しかし立憲君主制は「君臨すれど統治せず」が原則であり、福沢諭吉《ふくざわゆきち》が『帝室論』で記しているように、政治を超越した形で、政争に関係なく民族を統合する中心であるべきだという考え方で、このことは美濃部達吉も津田左右吉《つだそうきち》（注：歴史学者）も戦後に述べている。

こういう考え方が、抵抗なく受け入れられたのは、天皇は日本の歴史を通じて、時には例外があったとはいえ、常に政争の外にあったからであろう。現在の憲法では、天皇の国事行為はすべて内閣の助言と承認を必要とするが、これは鎌倉時代にはじまり、徳川家康によって制度化された「伝奏《てんそう》」と同じである。

伝奏とは簡単にいえば「幕府の助言と承認により」であり、この点、新憲法はまことに伝統的である。そしてこれは一木・美濃部学説、すなわち明治憲法においても、基本的には変わらなかった。

では天皇とは虚位《きょい》（注：実権をともなわない地位）を有するものにすぎないのか。福沢諭吉もこの考え方を否定しているが、これは彼の学説をまつまでもなく歴史的にも、決してそうはいえない。

中国思想の拒否と日本の独自性

そこでまず、「日本人と天皇」との歴史的経緯を簡単にふり返ってみよう。ただ本稿では伊達千広《だてちひろ》が『大勢三転考《たいせいさんてんこう》』（注：196ページ参照）で規定した「骨《かばね》の代」すなわち「制度なき時代」――これもまたたいへんに興味深い時代なのだが――は一応除き、明確に制度化された律令時代からはじめたいと思う。

西暦七〇一年に公布された「大宝律令《たいほうりつりょう》」は、「律令体制」の基本であり、これは「唐律《とうりつ》」

の模倣《もほう》とされる。しかし唐律と大宝律令を対比すれば、誰でもその基本的な違いに気づくであろう。

というのは唐律では皇帝の下に中書《ちゅうしょ》・門下《もんか》・尚書《しょうしょ》の三省（注：法案をつくり、立法化し、行政化する）があり、すべての情報は皇帝に集中し、すべての決裁は皇帝がおこなう形になっている。ところが大宝律令では天皇の下に太政官府《だいじょうかんぷ》と神祇官府《じんぎかんぷ》とがあり、政治に関するすべては太政官府で決裁の上、天皇に上奏《じょうそう》すればすむ形になっている。唐律には神祇官府は存在しない。

簡単にいえば天皇は太政官と神祇官のトップだが、政治は太政官にすべて委任することが可能であった。ただ太政官は神祇官にはタッチできず、序列は原則としては神祇官のほうが上である。ただし神祇官は政治にはタッチできない。

中国の皇帝は、中国神話とは関係がない。もちろん中国にも神話がないわけではないが、それは帝位とは無関係である。いわば「天命が下った者」が皇帝になるのであって、神話にもとづく系譜によって皇帝になるのではない。

日本は律令は受容したが、この「天命思想」は排除され、律令の公布に続いて、『古事記』『日本書紀』の編集と公刊がおこなわれた。いわば天皇の正統性は「天命」にもとづくのではなく、神話以来の皇統の継承にもとづくのである。したがって神祇官の設置という律令独特の行き方は、中国思想の拒否と日本の独自性の主張となっているわけである。

太政官のほうは、時代とともに変化し、やがて摂関政治・院政・武家政治となる。しかし幕府は決して非合法政権ではなかった。伊達千広は源　頼朝《みなもとのよりとも》が日本国六十余州総追捕使《ついぶし》に任ぜられた時を武家政治のはじまりとするが、元来、追捕使・押領使《おうりょうし》・検非違使《けびいし》等（注：いずれも警察・軍事的官職）は律令に規定のない「令外の官《りょうげのかん》」（注：律令制下、令に定められた以外の官庁、官職）であり、朝廷が一地方の有力者に軍事・警察権を委任した結果出現したわけである。それが源頼朝において全国的に統括されることになった。

やがて北条泰時《ほうじょうやすとき》の「関東御成敗式目《かんとうごせいばいしきもく》」（注：貞永式目《じょうえいしきもく》）の公布により、日本は実質的に律令でなく式目という武家法により、将軍に統治される国になる。しかし注意すべきことは、これが「式目」である点であろう。

律令とは「律・令・格・式」で構成され「式」とは元来は施行細則の意味、「式目」は現代的にいえば「施行細則条文目録」の意味である。したがって国家公法としての律令はこれで廃止されたわけではない。いわば将軍は常に天皇によって任命され、また足利義昭《あしかがよしあき》のように天皇によって罷免《ひめん》され、徳川慶喜《とくがわよしのぶ》のように「大政奉還《たいせいほうかん》」という形で天皇に辞表を提出する存在であった。それは形式ではあろうが、これは現代の総理大臣でも同じである。

したがって幕府は実質的には太政官府にかかわるものであって神祇官府にはタッチできない。

現代的にいえば国事に相当する朝廷の国家祭儀には一切関与できないのである。この点を明確にしたのが新井白石《あらいはくせき》（注：江戸時代中期の学者、政治家）であろう。一方、天皇は実質的に政治にタッチしない。津田左右吉は日本は、二、三の例外を除けば古来ほとんどこの形態であったと記している。

以上のように見ていくと、昭和の戦後の体制はもっとも伝統的であり、伝統的であるゆえに安定しているともいえるが、昭和天皇は、戦前の明治憲法下でも、実質的には同じようにふるまわれている。また一木・美濃部「天皇機関説」の明治憲法解釈にもとづけば、憲法それ自体も、戦前と戦後で、少なくとも天皇の地位に関する限りは、実質的には変わりはない。

津田左右吉は天皇を「象徴」と定義した最初の日本人といえるが、これは大正年間のことであり、彼はそれを新しい見方として主張したのでなく、歴史的に象徴であったと記しているのである。

日本人が強く天皇を意識するとき

以上のような体制は東アジアにおいて特異なものであった。そしてこれが日本の独自性として日本人に強く意識されるのは外交関係においてである。日本人の対外意識と天皇という問題はあまり論じられていないが、昭和天皇の御大喪でも示されたように、日本が強く天皇を意識するのは、その対外関係においてである。

中国を中心とする東アジアの儒教圏における外交関係は、華夷《かい》秩序（注：中国の皇帝を頂点とする〝中華と夷狄＝未開の民〟というかたちの国際関係）を基本とする冊封《さくほう》体制（注：中国皇帝に貢物《みつぎもの》をして統治を認めてもらう）であった。いわば中国周辺の国は、中国の優位性を認め、中国皇帝から冊封を受け、それの承認と継続を示すため朝貢《ちょうこう》（注：朝廷に貢物をさしだす）をおこなうのが当然とされた。いわば「国王に封《ほう》じられる」のである。日本と関係深い国でこの冊封を受けていたのが朝鮮国王と琉球《りゅうきゅう》国王である。

この関係は決して、西欧的な属国化・植民地化と同じではない。冊封を受けるのは現代的にいえば超大国の承認と似ており、これによって中国による安全保障と通商が保証されたわけである。

しかし日本の天皇は中国の冊封を受けたわけでなく、将軍もまた天皇に任命されたのであって、中国の冊封を受けていない。例外は足利義満だけである。したがって将軍は、中国に認められた「日本国王」ではない。

家康は朝鮮との間に平和条約を締結しようとしたが、これはなかなか成功しなかった。というのは冊封を受けた国は単独に外交権を行使できず、明《みん》の承認がいるからである。そして明には対等に外交関係をもつという発想がなかった。というより、ないのが東アジアの常識であった。

簡単にいえば、家康が冊封を受けて日本国王となり中国に朝貢すれば自動的に朝鮮との間の交隣（友好関係）が樹立されるわけである。

しかし家康にはもちろん、そのような考え方はなかった。ただ満州族の勃興《ぼっこう》と明の衰退は、朝鮮に危機感を抱かせ、一方、明軍は撤退した。朝鮮にとっての最大の問題は、第三次朝鮮出兵の有無《うむ》である。彼らは満州族と日本との挟撃《きょうげき》（注：はさみ撃ち）に遭うことをもっとも恐れた。そこで「賊中消息」を得るため日本に使者を派遣し、この機会を捉えて日本は己酉《きゆう》条約を結んだが、この際朝鮮側を驚かせたのは、日本側の国書が「日本国　源秀忠」（注：徳川家康の子・秀忠の外交称号）で、肩書がないことであった。

朝鮮は「朝鮮国王」と記した国書をもって来ているのであり、その返書は「日本国王」が発すべきであることは、当時の東アジアの常識であった。否、これはおそらく現代でも同じであり、大統領の親書に対して、肩書なき一私人の返書が来ることはあり得ない。

この外交を担当した対馬《つしま》の宗氏《そうし》はこの問題に困惑し、勝手に「王」を挿入した。これを後にその家臣柳川調興《やながわしげおき》が幕府に告発し、「柳川事件」すなわち国書改竄《かいざん》事件となる。事件の細部は除くが、この結果将軍は対外的には「大君《たいくん》」という奇妙な称号を用いる結果となる。

日本は冊封を受けていないから、もちろん中国との間に外交関係はない。ただ貿易船が長崎に来ていただけである。一方、朝鮮は日本に通信使を送り、琉球は日本に謝恩使・慶賀使を送ってきた。

もちろん両国とも中国に朝貢しているから、この関係は、東アジアにおいては、少なくとも中国から見ればまことに変則的なものであったであろう。いわば日本は中国を中心とする「華夷秩序」の外にあり、「華」のように使節を迎えても使節を派遣しないという態度であった。

冊封体制を否定したもっとも大きな理由は、日本人の天皇への意識であろう。統治権は実質的に将軍がもつとはいえ、それは天皇により将軍に宣下《せんげ》されたがゆえにもつのであって、中国によって「日本国王」に封じられたからではない。

この状態を維持しつづけたのは現代的な民族主義にもとづくとはいえないであろうが、これが国民国家形成の基本的な意識となったことは否定できない。

東アジアという世界におり、その世界が中国を中心とした「華夷秩序」という外交秩序を当然としている状態は、否応《いやおう》なく、日本は果たして「華」なのか「夷」なのかという問題を生ずる。

この問題をはじめて取りあげたのは山鹿素行《やまがそこう》（注：江戸時代前期の儒学者《じゅがくしゃ》）の『中朝事実《ちゅうちょうじじつ》』であろう。彼は日本を「中国」とした。西欧のように独立国が対等に外交関係を結ぶという発想のない東アジアの世界では、中国に対して日本を「華」と見なすという発想がまず出てくることは不思議ではない。そして「華」の象徴は、天皇であった。

いわば中国皇帝が周辺諸国に「国王に封じた」ように、天皇が徳川氏を「将軍に封じた」というとらえ方をしたわけである。これを一歩進めたのが浅見絅斎《あさみけいさい》（注：江戸時代中期の儒学者、思想家）で、彼は中国が「中国」なら日本もまた「豊葦原の中国《なかつくに》」という「中国」であると論じた。

この考え方は、独立国は対等であるという近代的な外交関係の萌芽《ほうが》と見るべきであろう。彼にとって天皇と中国の皇帝は対等の存在であり、これは日本が「華夷秩序」的な序列的な発想の外にあったということである。そしてそのような発想は、聖徳太子以来の伝統であったと見てもよい。

浅見絅斎の革新思想

浅見絅斎は日本ではじめて「正統」という意識を明確にもった人物といえる。彼の発想は、明治維新を招来したイデオロギーの基本を提供したものといってよい。彼は朱子学《しゅしがく》を援用し、統治の正統性は現実に権力を保持するか否かとは無関係であると論じた。

簡単にいえば、民主主義が正統性を有する世界においては、クーデターで成立した軍事政権は、たとえそれが現実に権力を行使していても、正統性は認められないとするのに似ている。

もちろん絅斎の時代には民主主義は存在しない。しかし彼が、現実の権力行使と正統性を分けて考えたという点は重要である。徳川時代に現実に権力を行使しているのは幕府であった。しかしそのことは幕府が正統性をもつ証明にはならない。武家政権はある意味では軍事政権であり、武力により朝廷の政権を奪取したにすぎないと彼は考えた。

絅斎は朱子学を援用し、正統性には三つの原則があるとした。すなわち「簒臣《さんしん》（注：君主の位または大権を奪う家臣）・夷狄《いてき》（注：外国人）・賊后《ぞくこう》（注：中国の女帝・則天武后《そくてんぶこう》）は正統とせず」である。このように見ていくと、幕府は「簒臣」であり、正統性をもたないことになる。これが「大義名分論」であり、津田左右吉が指摘しているように、中国で発生したが、中国では現実にはおこなわれ得なかった思想である。

このことは絅斎も知っていた。というのは「簒臣に正統性なし」といえば、中国の王朝はほとんどすべてその起源は「簒臣」で正統性はない。そこで彼は、朱子は現実には存在しない理想論を述べたにすぎないとし、それに適合するのは日本の天皇のみであるとした。

この絅斎の思想は、幕府を倒すという面ではまことに革新的で、明治維新を招来する原動力になり得たであろう。しかし危険な一面をもっていたことは否定できない。これは明治維新の「王政復古・御一新」という標語に表れている。「御一新」は確かに改革だが、「王政復古」は改革というより「維新＝復古《リストレーション》」となる。これは「憲法否定・御親政」というイデオロギーに通ずる一面をもっているといってよい。

明治維新には「王政復古」という一面と「御一新＝欧化主義」という一面があった。革命を招来した思想は、革命成就《じょうじゅ》とともに清算されねばならない。そうでないと毛沢東《もうたくとう》のように「永久革命・文化大革命」という形で混乱を招来するだけになる。

絅斎などの崎門学《きもんがく》は、確かに、明治維新を招来した思想であったであろう。それは認めねばならず、これを無視することは危険である。というのは、維新の成就と同時に、それはすでに使命を果たし終えた思想として清算し、新しく欧米的な憲政へと日本は進むべきであった。

しかし、すべての改革は早すぎて過去をひきずっており、その清算は昭和にもちこされたといってよい。

天皇親政が存在したことはない

憲政にとって都合のよい伝統

中国では、「天」が絶対であるがゆえに、天命が続く限り「天子＝皇帝」は絶対で、「皇帝親政」であった。中国の皇帝は、少なくとも「名君」といわれる人は、すべてを自ら決裁した。

日本の天皇はそうではなく、律令においてすでに、太政大臣の実質的な決裁を天皇が認証すればそれでよかった。これが摂関政になろうと、院政になろうと、幕府が出現しようと、天皇には実質的な変化はなかったといってよい。

これは憲政にとって、もっとも都合のよい伝統であった。そして前記のようにこの伝統があったがゆえに、西欧的な立憲君主制への移行が可能であった。

中国はそうはいかず、そして、中国的な「大義名分論」はこの伝統への否定となり、それが「天皇親政」の主張となった。しかし津田左右吉のいうように、天皇親政は、現実には日本の歴史に存在したことはないといってよいのである。

いわゆる尊皇の志士たちが口にした「御親政」とは朝幕併存の二重政体の否定の意味であり、簡単にいえば天皇と国民の間に幕府が介在することの否定であった。そして、その目的は明治維新で達せられたが、ここで明治は急転回して欧化主義へと向かい、明治二十二年（一八八九年）の憲法発布となる。

しかし当時の新聞等を見ると、当然のことだが「憲政」という意識はなかなか国民に浸透していない。

同時に古代の日本は「一君万民《いっくんばんみん》」で、天皇の下ですべての国民は平等であり、王政復古はそれを達成すべきであったという思想があり、これを達成し得なかった明治維新は不徹底で、これが、さらに昭和維新を断行すべきだという発想になる。

これは北一輝《きたいっき》（注：国家社会主義の思想家）の『日本改造法案大綱』などに示された考え方である。

この思想のまことに興味深い点は、彼らは革命を目指しながら天皇制打倒を考えなかったという点にあるであろう。

「錦旗《きんき》革命」という言葉が、この考え方を示している。これは「御親政」には非日本的な、中国型皇帝への移行を意味する点もあったからである。

昭和天皇が断乎として拒否されたこと

昭和六年（一九三一年）の年末ごろ、秩父宮《ちちぶのみや》が昭和天皇に「憲法停止・御親政」を建言し、天皇から断乎《だんこ》として拒否されたらしいことが本庄繁《ほんじょうしげる》侍従武官長《じじゅうぶかんちょう》の『本庄日記』（注：昭和八年九月七日の条《くだり》）に見える。次に引用しよう。

「陛下は、侍従長に、祖宗の威徳を傷つくるが如きことは自分の到底同意し得《え》ざる処《ところ》、親政と云うも自分は憲法の命ずる処に拠《よ》り、現に大綱を把持して大政を総攬《そうらん》せり。之《こ》れ以上何を為《な》すべき。又《また》憲法の停止の如きは明治大帝の創制せられたる処のものを破壊するものにして、断じて不可なりと信ずと漏らされたりと」

昭和天皇のこの態度は戦前も戦後も一貫しており、あくまでも自らを「立憲君主」と規定してその枠《わく》から一歩も踏み出そうとされない。

天皇自らが「立憲君主の道を踏み誤った」といわれているのは、二・二六事件の時と終戦の時だけである。もし昭和天皇が、「御親政派」にかつがれて「錦旗革命」の側に立ったなら、終戦時と御巡幸（注：終戦後に天皇が各地を見て回ったこと）における国民の昭和天皇への感情は相当に違ったものとなっていたであろう。

前記の昭和天皇の言葉には、まことに興味深い点がある。いわば「憲法停止・御親政」といったことは「祖宗の威徳を傷つくるが如きこと」であり、「明治大帝の創制せられたる処のものを破壊するもの」なのである。

この点では律令以来の伝統を踏まえた断乎たる伝統主義者であり、内閣と帝国議会が実質的にすべての政務をおこなっていることを当然とされている。いわば、一木・美濃部「機関説」通りがよいとされているのである。

もちろん天皇は、明治憲法の規定にもとづいて憲法を改正することには少しも反対ではない。このことは『木戸《きど》幸一《こういち》日記』（注：115ページ参照）に出てくる。

もっとも戦前には軍隊があり「第十一条　天皇ハ陸海軍ヲ統帥《とうすい》ス　第十二条　天皇ハ陸海軍ノ編制及《および》常備兵額ヲ定ム」とあり、近衛文麿《このえふみまろ》は自決前に令息に渡した所感に次のように記している。

「日本国憲法というものは天皇親政の建前《たてまえ》で、英国の憲法とは根本において相違があるのである。ことに統帥権の問題は、政府には全然発言権がなく、政府と統帥部の両方を押え得るものは、陛下ただお一人である……」

これは近衛らしい言いわけだが事実とは違う。まず「天皇親政」の憲法などは存在しない。「親政」なら憲法などはいらない。この点、「憲法停止・御親政」を主張した北一輝のほうが正直である。

前述の昭和天皇のお言葉にもあるように「憲法の命ずる処に拠り……」であり、天皇の意識では自分よりも、明治天皇の定めた憲法の方が上であり、明治天皇が憲法発布のときに下した勅語通りに、これを守っている。

次に統帥部を内閣がどうにもできない、というのは事実ではない。軍が陸軍大臣を通じて閣議決定にもちこめば、天皇には拒否権がないという点を軍は利用している。簡単にいえば軍事作戦に必要な予算を獲得した上で、それを上奏しており総理大臣はこれを拒否できる。

満州事変で軍はこれをおこない、昭和八年の熱河《ねっか》作戦でもこれをおこなっている。軍が熱河省まで入ると直接に中国軍と衝突しないとも限らない。天皇はたまりかねて「(大元帥《だいげんすい》の)統帥最高命令に依《よ》り之《これ》を中止せしめ得ざるや」と奈良《なら》武次《たけじ》侍従武官長にいわれている(注:『奈良武次日記』昭和八年二月十一日の条)。

一部の人の戦後的意識からすると、昭和天皇のこの質問自体がおかしいことになり、「大元帥だから命令すればよいであろう」ということになろう。昭和天皇への誤解の多くは、この点にもとづいている。

奈良侍従武官長は昭和天皇の信任がきわめて篤《あつ》かった。奈良の答えは「国策上害あることなれば閣議に於《おい》て熱河作戦を中止せしめ得ざる道理なし。国策の決定は内閣の仕事にして閣外にて彼是《あれこれ》指導することは不可能のことなれば……」であった。

この言葉には、おそらく美濃部博士は満点をつけたであろう。簡単にいえば、近衛内閣は日華事変の「不拡大方針」を宣言したのだから、「閣議決定」でそれを実行すればよく、実行できなかったのは近衛の責任である。天皇は「閣議決定」への拒否権をもたないのだから――。

政治の外にナンバーワンを置いた知恵

ではなぜこのように政治的権力をもたないに等しい天皇という存在が日本に出現したのか。律令を輸入しながら天皇はなぜ中国型の皇帝にならずに日本の歴史の中に根づいていったのか。津田左右吉はその理由として次の四つをあげている。

第一は、皇室が日本民族の外から来てこの民族を征服し、それによって君主の地位と権力とを得られたのでなく、民族の内から起こって、しだいに周囲の諸小国を帰服させられたこと。

第二は、異民族との戦争がなかったこと。

第三には、日本の上代には、政治らしい政治、君主としての事業らしい事業がなかった、ということ――こういう状態が長く続くと、内政において何らかの重大な事件が起こってそれを処理しなければならぬような場合にも、天皇自らはその局に当たられず、国家の大事は朝廷の重臣が相謀《あいはか》ってそれを処理するようになってくる。

第四には、天皇に宗教的な任務と権威とのあったことが考えられる——皇室はおのずから新しい文化の指導的地位に立たれることになった。このことが皇室に重きを加えたことは、おのずから知られよう。そしてそれは、武力が示されるのとは違って、一種の尊さと親しさとがそれによって感じられ……その文化の恵みに浴しようとする態度を採《と》らせることになった。

以上は古代のことだが、そこにすでに神祇官府・太政官府の分離や朝幕併存の崩芽が見える。それが長い歴史の中に培《つちか》われ、「天皇はこういった存在」というイメージを日本人の心の中に植えつけたのであろう。

マックス・ウェーバーも、君主制の利点を記しているが、これは日本人が、おそらく「知識」としてでなく、歴史を通じて感じとり、かつ自らの内に蓄積してきたものといってよい。簡単にいえば、一国の象徴は醜い政争の外にあり、政権の移動とは関係ないこと。さらにその象徴が民族の統合と永続性の象徴であること。そしてそれは国民が政治に絶対的な価値を置かず、むしろ自国文化の保持・継続に価値を置くこと、等々をウェーバーは指摘している。

さらに日本の場合、天皇は中国の冊封体制の外にあることによって、東アジア圏にありながら、冊封を受けない独立国として、独自の文化を形成し得てきた等があげられるであろう。前に、激烈な政争に悩む途上国の人からいわれたことがある。

「政治家がどんなにしても、その国のナンバーワンとは認められず、政治の外にナンバーワンを置いたことは、たいへんな知恵ですね。わが国では政治家はナンバーワンを目指し、またナンバーワンが全権をもつので政争が熾烈《しれつ》です。日本の政争ですか。のんびりしたものですよ。それもそのはず、誰も総理大臣を日本のナンバーワンと思っていませんから。そしておそらく御本人も……」

日本人のこの意識は天皇と深い関連をもち、一朝一夕にできたものではない。

第三章　日本人はなぜ「空気」に水を差せないか

「実情」とはいったい何か

「空気」が決めた戦艦大和の出撃

私は以前、『「空気」の研究』（文藝春秋）と題する本を書いたことがあります。「あの場の空気ではそうせざるを得なかった」とか、「あの場の空気を知らないから、あなたはそんなことがいえるのだ」とか、日本ではよく、「空気」という言葉がもち出され、それで一切のことが免責されるという不思議なことがあり、それが少々気になっていたものですから、本を書き、同時に書きながらもいろいろ考えていたわけです。

私がその中で一つの例として取りあげて論じたのは、戦艦大和《やまと》の出撃のときのことです。このとき、実は非常に奇妙なことがあったのです。

もちろん大本営で討論している人たちは皆海軍の専門家で、海軍のことについては知悉《ちしつ》していますし、同時に、太平洋戦争を長い間経験していますから、こういう場合にはこうだ、と結論が出ている問題もたくさんあり、それについてもよく知っている。つまり、裸戦艦――戦闘機の護衛なき戦艦――は戦力にならず、沈められるだけだということを経験的によく知っている。

大和の出撃は無謀《むぼう》だとする人々には、そう断ずるに足るデータ、根拠があったわけです。ところが、出撃を当然だと考えて主張する人々には確かなデータも根拠もまったくないにもかかわらず、押し通してしまうわけです。実は、サイパン陥落時にも大和出撃の案が出されたのですが、このときは「軍令部は到達までの困難と、到達しても機関、水圧、電力などが無傷でなくては主砲の射撃が行ないえないこと等を理由にこれをしりぞけ」(『「空気」の研究』)ているのです。

ですから理屈からいえば、この場合も、出撃の正当性を裏づける根拠がない限りできないことなのです。

戦後、このときの大和出撃に対していろいろな批判が出ましたが、この批判に対する反論というのが、すべて「その場の空気」なのです。「全般の空気よりして、当時も今日も（大和の）特攻出撃は当然と思う」という発言になるのです。

つまり、出撃の正当性の根拠はもっぱら「空気」なのです。それくらい「空気」というものが決定的なのです。太平洋戦争に参戦したときも、実は「空気」がそれを決めたのであって、このときもどんなに正論を述べたところで通用せず、「空気」が絶対化されてしまいました。

それでは、なぜこの「空気」がそれほど大きな拘束力をもち得るのか。「空気」についていろいろと分析してみたのですが、結局こういうことであろうと思います。

いわば臨在感的把握《はあく》（注：この言葉については『「空気」の研究』などで詳述）というか、何か見えざる対象があって、それに感情移入をする、感情移入することによって、今度は逆にその対象に自分が拘束《こうそく》されどうにもならなくなる状態、これが「空気」なのではないか。

それが日本の伝統において、なぜにかくも強力でありつづけることができたのか。きょうは、『「空気」の研究』を著《あらわ》してからあと、感じたり考えたりしたことについて、いわば「空気」の思想史とでもいいましょうか、お話ししたいと思います。

「実情」をめぐる石田梅岩の誤読

この「空気」という言葉の他に、もう一つ、非常によく似た意味で使っている言葉があります。「実情」という言葉です。

これは変な言葉であって、「あなたはそういうけれども、実情を知らないのだ」という場合、これは、「事実」を知らないのだといっているのではないのです。相手が完全に「事実」を知っているときでも、「あなたはそういうけれども、実情を知らない、知らないからそういうことがいえるのだ」という。

「実情」と「事実」とは、だいぶ意味が違っているのです。この「実情」と「空気」は、どういう関係があるのか。「空気」の思想史を考えていくとき、これはおもしろい問題になっていくように思います。

中国に「実事」という言葉があるのですが、この「実事」と「実情」とを並べてみますと、「実情」はその言葉通りに実の情であって、決して事実、つまり「実事」ではない。「実情」というのは、いったい何なのか、そして、「あなたは実情を知らないから、そういうことがいえるのだ」という抗議はなぜ出てくるのか。

調べてみますと、「実情」という言葉を相当正確に定義していると思われるのは、江戸時代の町人学者、石田梅岩《いしだばいがん》です。

彼には「人間は正直であらねばならない」というテーゼがあるのですが、町人思想家ですから、その一面はたいへん経済的です。「我が物は我が物、他人の物は他人の物、借りたる物は返し、貸したる物は受け、もって正直でありたきものなり」（注：『斉家論《せいかろん》』）といっている。

私はこれを、日本資本主義の出発の言葉であると考えているのですが、こういうことがはっきりしない社会は近代社会たりえないわけです。正直ということをどう定義したかという点で、たいへん重要な言葉だと思います。

同時にここで、正直に対するもう一つの定義があるのですが、これがまたおもしろいのです。梅岩は一介《いっかい》の番頭であり権威がありませんから、いつも、自分が考えたことではなく聖人の教えだというふうにいって説いているのですが、これに対して反論が出てくるのです。

それは、徳川時代を通じて絶えず論争されていることなのですが、こういうことです。『論語』の子路《しろ》篇に出てくる話に、「葉公《じょうこう》、孔子《こうし》に語りて曰《いわ》く、吾《わ》が党（注：村）に躬《み》（注：自分自身）を直《なおう》する者有《あ》り。その父、羊を攘《ぬす》みて、子これを証《あら》わせり、と。孔子曰く、吾が党の直《なお》き者は是《これ》に異なり、父は子の為《ため》に隠し、子は父の為に隠す。直きことその中《うち》に在《あ》り、と」――葉公は、父が羊を盗んだことをその子供が証言したといって褒《ほ》める、それに対して孔子は、父が羊を盗めば、子供はそれを隠すのが正直というものだ、と応える。

これを、孔子は嘘《うそ》をいってもいいといったのではないかとして、梅岩の正直は聖人の教えに反するものだ、という反論が出てくるのです。

中国思想の専門家にうかがうと、江戸時代の中国思想の解釈、儒教《じゅきょう》の読み方は、いわば誤読の歴史であったといってもいいそうです。

誤読というのは、つまり自分たちの思想を他人の言葉で語るということです。この場合、孔子におけるいちばんの基本は血縁の倫理と組織の倫理をはっきり分けていることであり、梅岩においてはそういう発想法がまったくなかったことです。

梅岩の場合、自分のいうことは聖人の教えと少しも違っていない、自分がいう正直とはそのときの実情に対して正直なことをいうのだ、ということで、この場合の「実情」という言葉は、父が羊を盗んだ事実を指しているのではないのです。その瞬間に自分がどういう感情を抱いたかということ、これが基本になるのです。

子供はそのとき、思わずハッとするであろう、そしてこれは何としてでも隠してやりたいと思うであろう。これがそのときの私心なき実情であろう。その実情に対して即座に私心を交《まじ》えずに反応する行為が、つまり正直ということであって、これが自分のいう正直なのである。

このように梅岩はいっているのです。その瞬間の感情にもっとも正確に対応しているのが正直であって、それに対していろいろ思いをめぐらしたりすること、たとえば訴えて出れば父の罪が軽くなるだろうと思って訴え出たりするのは、不正直なことなのです。

その瞬間ハッと思ったら思ったで、すぐ感情的に対応する、これが人間の正直である、と定義しているわけです。

「実情に人間は対応すべきである」

このように見てくると、梅岩のいう正直の定義は、二重になっているように思われます。

一方においては、先ほどもいったように、自分の物は自分の物、他人の物は他人の物、借りたる物は返し、貸したる物は受け、これを明確にするのが正直である、といっているわけで、それでは、子供が何としてでも隠したいと思う気持ちを正直だとしていることと矛盾《むじゅん》しているではないか、と突っこまれる。

これに対しても梅岩は、矛盾していないという。どういう点で矛盾していないかというと、借りた物は返し、貸した物は受ける、この状態は人間の私心なき状態であり、また、父が羊を盗んだときハッとしてその情に対応してすぐに行動するのも人間の私心なき状態を指している、というわけです。

つまり、人間の私心なき状態における感情の絶対化です。こういう点で、自分の基本の見方は変わっていないと梅岩はいっているのですが、これはたいへんにおもしろい定義であって、日本人が今使っている「実情」という言葉は、ほぼこれと同じ意味をもっているのであろうと思います。

「実情に人間は対応すべきである」というのは、梅岩だけではなくて、西郷隆盛《さいごうたかもり》も『南洲手《なんしゅうて》抄言志録《しょうげんしろく》』（注：「手抄《しゅしょう》〈抜き書き〉」と読む向きもあるが、著者は「手抄《てしょう》」とルビを添えている）の中で、政治の基本は何かというところで同じようなことをいっています。

政治とは最終的には情の推《すい》にして、つまり情の推《お》し量《はか》りであり、それが最終的な判断の基準である、それ以外の何ものでもない。すなわち、実情に対応するのが政治であって、それ以外に基準はないのだ、といっている。

これはたいへんおもしろいことだと思います。つまり町人の倫理と政治の倫理が、実情に私心なく対応するのが正直であるとする点で、同じなのです。

「その場の空気」にいかに対応していくか

「形は直に心なり」の哲学

それでは一体なぜこのような思想が出てきたのか、このいちばん基本にあるものは何なのかということになります。

調べてみると、梅岩の場合、単にこの問題だけでこういうことをいっているのではなく、どうもその背景に一つの明確なものの見方があるような気がします。それは一種の自然哲学とでもいうべきものです。

彼には、「形は直《じき》に心なりと知るべし」（注：『都鄙《とひ》問答』巻三）というテーゼがありますが、この場合の形というのは形式とは意味が違います。梅岩のいっていることを簡単に説明すると、こういうことになります。

生物にはすべて形があり、たとえば馬には馬の形がある。馬の形になると、馬の行動原理に従う以外方法はない。そしてそのことが同時に、いわゆる馬の心を決定している。それは本能プラス行動原理と理解してもいいと思います。

馬は馬の形によって馬の行動原理に規定され、蚤《のみ》は蚤の形によって蚤の行動原理に規定されている。馬に血を吸えといってもできないことであるし、蚤に草を食えといってもできないことである。これは人間についても同じだ。

人間は人間の形に生まれているのであって、人間がどうこうしようと思ってもどうにもできるわけではない。馬や蚤の場合と同じであって、人間の形に即応する生き方をすればそれでいいはずだ。

この考え方はたいへんおもしろい哲学だと思います。そして、人間が人間の形に生まれて、どうすれば生きていけるのかというと、梅岩はこのようにいっています。

人間は、労働によって食を得る以外に方法がないような形にされているのだ。つまり、人間は労働によって食糧を獲得し、生活を維持するような形につくられており、そのことが人間の心をも決めている。だから、その形に即応する生活をしていれば人間は満足できるのだ、ということで、形に即応した生活をしていることが、梅岩のいう正直の基本なわけです。

したがって梅岩にとって、働かないのはたいへんな罪悪になります。この考え方は、ある意味で、日本人の勤労思想を形づくっているといえるでしょう。

それでは人間はただ一心に働けばそれでいいのか、そうすれば自《おの》ずから社会秩序ができるのか、という疑問が当然出てきますけれども、それは実際には不可能であり、人間の社会は決して馬の社会と同じではないということを誰でもが知っている。それではなぜ馬の社会のようにならないのか。

梅岩は孟子《もうし》の言葉をひいて、次のようにいっています。

つまり人間には動物と違って私心というものがあるからだ――「畜類鳥類私心なし、かえって形を践《ふ》む、小人は然《しか》らず」

鳥でも獣でも自らの形を踏み、それによって自然の秩序の中に自らの秩序をつくっていく。人間も基本的には同じはずであるけれども、小人は私心があるから人間の形を踏むことができない。……しかし聖人はこれを知っている。知っているが故にその人は聖人なのである。

馬に馬の秩序を人工的に与えるとすれば、それは馬に轡《くつわ》をはめる以外方法はない。牛の場合は、轡をはめても駄目であって、鼻輪を通して後から追うほかない。それぞれの形によって制御《せいぎょ》の方法が決まっているのだ。

聖人というのは、いわば人間を制御する轡として教えをつくったのである。すなわち人間の場合、私心を去れば形を踏むことができるのに、それがなかなかできないから教えを必要とする。教えは、人間が自然の秩序に従って生きていくための方法論としてあるのだ。

これが梅岩のいおうとしていることです。

日本人のものの考え方を規制しているもの

こういう発想をしますと、先ほどの実情に即応する正直というのと、確かに基本点で一致します。両方とも私心がないことであり、これは形を踏んでいることになります。状況に対応しているのがもっとも正直であって、それが人間の基本である、という発想になってきても不思議はありません。

これが日本人の中に非常に強くあるのではないか。日常倫理を規制しているだけでなく、いろいろなものの考え方まで規制していると思われます。

いつかある雑誌で、岸田秀《きしだしゅう》さんという精神分析学をやっておられる方と対談したことがあります（注：文春学藝ライブラリー文庫で『日本人と「日本病」について』と題して書籍化）。岸田さんは、人間の本能は壊れているという、たいへんおもしろい仮説を出した方です。

動物は、本能通りに行動すれば生きていけるようにできており、逆の言い方をすれば頭の中にコンピューターが組みこまれているような形で一定の行動しかできないようになっている。そういうふうに行動することがそのまま自然の秩序に即応し、それによって生きていけるのだ。

しかし、人間はそうなっていない。なぜそうならないかというのは、本能が壊れていると理解するしかない。その本能の壊れている部分を補って、自然との空隙《くうげき》を埋めるのが文化である。こう規定するわけです。

この説が出たとき、新しい説としてジャーナリズムにもずいぶん評判になりましたが、私はこれは梅岩のいっていることと実は同じことなのではないかと思ったのです。つまり、人間は人間の形というものをもって生まれ、それによって心が決定されている。そしてそれに従っていれば自然の秩序の中に生きていることができるはずである。

ところが、それができないのはなぜか。梅岩の場合には、それは私心があるからであり、岸田さんの場合には本能が壊れているからと規定したわけです。そしてそれを埋めるのが聖人の教えであり、文化である、というわけです。

結局これは同じことなのではないか。このように理解すると、たいへん新しい説に見えるものも、案外古い伝統的な考え方に根をもっていて、おもしろいと思います。

「本心」という共通信仰

それでは、なぜこのような思想が出てきたのか。これには、自然の秩序の絶対化と、同時にそれが無媒介的《むばいかいてき》に人間の内心の秩序であり、社会秩序の基本であるという発想が前提にないと、出てこないはずです。

日本人の場合はこれが非常に絶対化していて、何かを判断する場合、よく自然、不自然という言葉を使います。不自然だと判定された場合には、これは「空気」と同じように理由なくして、排除されてしまう。

「あの人の言い方は不自然だからいやだ」というと、その人のいった言葉の内容が正しいか正しくないかは問題にならない。不自然であるという一言で、否定されてしまうのです。

この場合の「自然」という言葉は、決して外部の自然を意味しているのではありません。内心の秩序を意味しているのです。自己の内心の秩序を崩されるから容認できない。そういうものを不自然と呼ぶのです。それをなぜ簡単に外部の自然と一体化できるのか。

これは、自己の内心の秩序と外部の自然の秩序とが一体化しているという前提から出てきます。ですから「不自然な行為」という場合、それは反社会的行為を意味します。社会秩序は自然の秩序と無媒介的に一体化しているのであって、この三者は、基本的に同一の原則なのです。前提というのはここにあるわけです。

この前提がないと、先ほどの発想自体が成り立ちません。つまり梅岩の場合も、いかにして自分の内心の秩序が自然の秩序と一体化できるか、同時にその中間にある社会秩序とも一体化できるか、これがおそらくその思想のいちばん中心にあるのであって、この場合「自然」というのは絶対なのです。

こうなると、ここで、人間の内心に二つの基準があることを前提としていることが明らかになります。つまり、一つは内心の自然としての基準、もう一つは内心の自然に違反しているものです。

江戸時代の発想は、儒教からきたものか禅からきたものか問題ですが、いずれもこの二つのものがあることが前提になっています。

これがいろいろな表現をとって出てきます。今でも社会によく通用しているのは「本心」という言葉です。「君は本心通り行動しているか」とか「君の本心を聞きたい」とか、われわれは平気で本心という言葉を使うのですが、その本心とは何ぞやという定義は、現在ではしていいない。

本心通りでないということは悪だとされているのですが、本心とは何かと問うと、決まって返事がありません。たいへんおもしろいことだと思うのですが、私はよく、日本には神の代わりに本心があるなどといっています。

たとえばイスラム圏に行って神を信じないというと、契約の対象にならないし、社会生活がそもそも不可能です。また、日本において、「君の本心に問うてみよ」といわれて、「私に本心なんてありません」といえば、日本の社会では、その人はもう入れてくれません。

皆が本心をもっているという前提で動いているのであって、それをもたない人間は想像もつかないのです。つまり、日本における一つの宗教的な共通信仰として、意識しないままに各人の中にあるのだと思います。

おもしろいことに、旧・新約聖書を見てみると、本心という言葉がありません。聖書の世界は本心のない社会であって、日本語訳のものには旧約に一ヵ所、新約に一ヵ所出てきますが、これは誤訳に近いものだと私は考えています。日本人が意味する本心という概念は、彼らの世界にはないのです。

このように見てくると、日本人は、本心からの行動と非本心からの行動という、二つの基準で動いているという前提で人間を考えていることになります。

その場合、本心にもとづく行動は自然であり、本心に基づかない行動は不自然だということになります。だから、「君の本心に問うてみよ」と簡単にいえるのです。

「性善」と「正直」

次に、今述べた「本心」「自然」「形」と、それに対応しているいわゆる「実情」の倫理、あるいは「空気」の構造はどういう関係にあるのか、という問題が出てきます。

「本心」とか「人間性」とか「性」とか、いろいろな言い方があり、「本心」という言葉は古く仏典にも出てくる言葉ですけれども、元来は石田梅岩が「性」といったものと同じものです。つまり人間の本性のことです。

弟子の手島堵庵《てじまとあん》（注：心学者）がそれでは庶民にわかりにくいということで、「本心」といい直したのですが、これが今われわれが使っている「本心」のもとであろうと思います。

それでは、梅岩が「性」というとき、何を意味しているのか。性善説という言葉があり、日本人は性善説の民族だといわれますが、梅岩自身もこれを非常に気にしており、「性が善である」という意味は、決して告子《こくし》（注：中国の戦国時代の思想家。『孟子』の中によく登場）のいう善悪の善にあらず、と断っています。

彼がいうのは、むしろ宇宙の継続的秩序という意味で、それを呼吸のたとえで説明しています。人間は誰でも呼吸している。呼吸を止めたら生きてはいけない。しかし人間は、意識的に呼吸しようとして呼吸しているのではない。何ものかが自分に呼吸させているはずだが、自分を継続的に呼吸させている秩序は宇宙にあるはずだ。人間はこの秩序に即応していない限り、生きていけないのだ。

梅岩はこのような発想をしているのです。これが同時に、先ほどの人間の形の倫理と結びつくのですが、このような宇宙の継続的秩序を善といっているわけです。

その善という基本が、宇宙の秩序になった場合が「天」であり、人間の内部の秩序になった場合が「性」となるのです。これが性善の意味です。

梅岩は、外部の秩序と内心の秩序とを、こういう形で一体化させているのです。もっと古く徳川時代の初めには、これと同じことを、鈴木正三《すずきしょうさん》（注：曹洞宗《そうとうしゅう》の僧侶、仮名草子『二人比丘尼《ににんびくに》』の筆者）が「仏心」という言葉でいっています。

「本心」とか「本性」とか「仏心」というのは、ほぼ同一の発想の言葉であって、自分の内心における大自然の秩序の反映を意味しています。

人間はその通りに行動しなくてはいけない。その行動の基準として、人間には形がある。そしてその形通りに生きるという点に関しては他の生物と変わりはないが、実際にはそう生きられないというのは、人間には私心があるからだ。この私心を去った状態でものを判断するとき、それを人間の正直というのだ。

このように考えますと、確かに「実情」に対応する人間は正直ということになります。「あなたは実情を知らないから、そういうことがいえるのだ」という場合、ある事実に対して自分が無心の状態でどういう感情的反応を起こしたか、それをあなたは知らないのだ、だから自分は批難されても、それに答える義務はないのだ、ということを意味しているわけです。

これはつまり、ある一つの事実があるということが絶対化されないで、その事実に対して私心なき状態でどういう感情的反応を起こしたかが絶対化される。これが正直ということとなのです。

天皇制絶対発想のもと

このようにしてもう一度「空気」を見直してみますと、最初に例を出した大本営の会議は、皆正直だということになる。戦艦大和の機能はどうであるとか、裸戦艦で出撃した場合どうであるとかいった議論はすべて退《しりぞ》けられ、この事態にあって自分はどういう感情的反応を起こしたか、そのことが大事であり絶対化されるのです。

ですから議論にならない議論がたくさん出てくる。国民から多額の税金を徴収してこれだけの戦艦を造《つく》っていながら、一回もお役に立てないのは相済まないとか、とにかくこういう議論が出てくると、専門家としての発言が引っこんでしまう。誰も反論できなくなるわけです。

江戸時代の町人思想は、いわば秩序の思想であって、たいへん保守的なのですが、しかしこれは保守思想にだけではなく、当時の革新思想、つまり尊王《そんのう》思想にも強く作用しています。

この革新思想は、山崎闇斎《やまざきあんさい》とか浅見絅斎《あさみけいさい》など、崎門《きもん》（注：山崎闇斎が創始した朱子学《しゅしがく》の一派）の人たちから出てきたのだろうと思いますが、これもたぶん宋学《そうがく》（注：朱子学）の誤読からきているのかもしれません。

当時、この人びとが考えていたいちばん基本となるものは何かというと、やはり自然の秩序の絶対化です。

山崎闇斎はたいへんに論理的な人で、徹底的に中国思想を研究します。そして、彼は中国人のいっていることの中に大きな矛盾があることを見つけ出します。つまり、中国においては一面において中国的体制の絶対化（中華思想）があり、これは具体的には皇帝に対する絶対的忠誠ということになりますが、それなのになぜ革命が中国で起こり得るのか、中国で王朝をつくった人間は、皆反逆者だということになるのではないのか、山崎闇斎はこのことに気がつくわけです。

革命を起こして王朝を倒すということと、できた王朝の絶対化ということと、この二つの矛盾をどう考えるかが宋学の大きな主題になっているのですが、この点を山崎闇斎は鋭く見ているわけです。

彼はそのとき、日本の天皇に気づきます。万世一系の天皇に対して日本人はそういう反逆行為をとったことがないということに気がつくのです。そして、むしろ日本のほうが中国であるという言い方になります。

中国はもう中国ではないのだ、日本が中国なのだ、というわけです。明治になって天皇制絶対の発想が出てくるのは、ここにもとがあると私は考えています。

「空気」が重要な決定をしてきた日本

ただ、この体制の絶対化というのは、決して組織的な体制の絶対化ということではありません。ここが非常におかしなところなわけです。

たとえば、二・二六事件において、天皇に対する反乱がつまり天皇への忠誠であるという、まことに倒錯《とうさく》した状態が生まれるのですが、なぜそういうことになったのか。あるいはまた、宇垣内閣のときに、陸軍の三長官が合議して陸軍大臣を出さないという決議をすることによって、内閣を組閣前に辞職に追いこんでしまうのですが、これは旧憲法下においては大事件なはずなのです。

総理大臣の任免権は、組織的には当時は天皇が握っていたはずなのですが、それに対してこれは拒否権を発動したに等しい事件なのです。つまり組織的には一つの反乱を意味するのです。

三長官会議は法的には何ら基礎がないわけで、そこでの申し合わせは絶対に天皇の大権を拘束できないはずです。それが実質的には拘束している。しかもそのことに対して、こういう行為は天皇絶対の社会においては反乱的行為になるのだということをいっている人間が一人もいないのです。

このことのほうが不思議な気がします。何となくうやむやに、宇垣が辞職すればまるく治《おさ》まるのだからいいじゃないか、ということになる。ここでは組織原理はまったく働いていないのです。

これが実は、すべてのことに関わってくることなのです。つまり、こういう場合何が決定したのかというと、「空気」なのです。もしも誰かが反論するとすれば、「あなたは実情を知らない」とか「その場の空気を知らない」とかいわれるだけでしょう。

この場合の実情は何かというと、おそらく宇垣一成という人間に対するいちばん率直な感情的反応であり、それが絶対化されているわけです。このとき絶対性をもっているのは、決して天皇ではないのです。

それが天皇への忠誠だということになるのは、天皇に対する自分の感情がやはり一方において絶対化されているからですが、この二つがどういう点で矛盾しているのかを組織の上で考えることは一切していない。本人は、これは天皇に対する絶対的忠誠心からやっていると考えているのですけれども、組織的に見ると反乱になるという認識がまったく欠如しているのです。

これはまことにおもしろいことです。しかしおもしろいといって眺めている分にはいいのですが、それによって日本があいう状態に陥《おちい》るのではたいへんに困るわけです。

しかし大体において、日本における重要な決定というのは、常にこのようにしてなされてきたように思います。そのいちばんの基本は、今もいいましたように自然の秩序の絶対化であり、同時に事実に対する自己の純粋感情的反応を正直と見なしたこと、そしてそれによって拘束されるということです。

それが保守思想にとっても革新思想にとっても基本になっているわけです。そして、これが現象的には常に「その場の空気」という言葉で表現されるのです。

おそらくわれわれにとっていちばんの問題は、この「空気」にいかに対応していくかということなのだろうと思います。

日本には「水を差す」行為が必要

どう水を差せばいいか

それではその対応の方法は何であるか。私自身、明確な結論があるようでないのですが、しかし、民族の知恵というのはいろいろに働くのであって、過去においてこういう形で年中やっていたら、文化は維持できなかったはずです。

こういう一面をもちながら、日本人は自己の文化を継続的に維持してきたという事実があるのです。一体それは何であったのか。

私はそれは、「空気」に対して「水を差す」という行為なのではないかと思います。この場合、「水を差す」というのは、相手がいっていることには意味がないということを、非常に小さい具体例でいうだけのことです。

たとえば、太平洋戦争がはじまるときでも、「そういったって石油がないじゃないか」と新聞が一言書けば、あれだけの「空気」も瞬時に崩し得たかもしれません。ですから、日本の社会においてたえず必要なことは、この「水を差す」ということです。

相手がいっていることが実情に即しているかどうか、つまり事実に対して相手の感情が正しく反応しているかどうかは問題にしないけれども、ただ、こういう事実をもち出せばこういうことになる、ということを述べるわけです。

これは、「空気」を醸成《じょうせい》する人たちにとってはいちばん嫌な行為です。「あいつは、いつも水を差す嫌な奴だ」ということになる。しかし、日本においては、この「水を差す」行為がいちばん必要なことで、「水の差し方」をいつも考えていないといけない。

ベトナム戦争のときの報道の仕方について、私は当時いろいろと批判をしたものですから、ずいぶん悪口もいわれたのですが、実際には私は一度も具体的な評論的批判はしたことがありません。

あのベトナム報道は、事実がどうかということよりも、それに対して自分がどのような感情を抱いたかということが先に立っているのです。その感情を率直に述べているという点においては、まことに正直ですけれども、それはそれだけのことです。

その報道について、いくら私が虚偽《きょぎ》だといっても、その記事を書いた当人にとっては虚偽ではないのであって、私がそんなことをいうのは、あの場の「空気」も「実情」も知らないからだ、となるわけです。ですからその場合、こちらは簡単に「水を差す」だけです。「水を差しつづける」以外に方法がないのです。

私たちが抱えているいちばん大きな課題

ですから、日本において、誰かが言論統制をすることによってある方向に日本をもっていこうと考えるならば、「空気」を醸成すると同時に、まず、「水を差す」人間を排除することです。

「空気」の醸成というのは、ある事実に対してある反応を起こさせればできます。実際がどうであるかはこの場合問題ではなく、それに対してどういう感情的反応を起こさせるかということです。

そのとき、それに対して私心なき感情の反応を示したものが正直なのであり、そうでない人間は皆嘘つきになる。「それは事実と違う」といった人は、逆に嘘つきの烙印《らくいん》を押されるのです。ですからこの場合たった一つの方法が、「水を差す」という、これまでの日本人がやってきた方法なのです。

「空気」と「水を差す」という、この二つのことがバランスをとって、日本は文化的秩序を維持してきたのです。そして、いままではこれで大体よかったのだろうと思います。

しかし、このことがこれからはどこまで通用し得るのか、ということも大きな問題です。というのは、「水を差す」というのは、結局「空気」を壊す効力しかありません。

「空気」によってつくられるものとは違った、ある意味で客観的事実にもとづく一つの将来を策定するのは、「水を差す」だけではできるものではありません。これは否定的にしか作用しないのであって、「水を差す」人間というのは必ず否定的人間であり、こういう人間ばかりだと、何もできないのもまた事実です。これではどうにもなりません。

徳川時代は、なぜこういう状態で過ごし得たのか見てみますと、結局この時代は、現状を動かさない、変えないことが原則となっている社会であったわけです。徳川体制は永久に続けるし、続けなければならない、この体制を変えるという発想はしてはならない、という思想が、前提としてあったのです。

そういう時代には、一方において正直なる「空気」があり、他方において事実という「水を差す」、この二つのバランスだけで、充分に維持していくことができたであろうと思います。

自然・不自然でよかったし、「実情」に正直でよかったし、それ以外に規範《きはん》がなくてもよかったのだろうと思います。

ただ、現代はすでにそういう時代ではなくなっているのであり、この状態を今後どうしていったらいいのか、このことが、おそらくわれわれが抱えているいちばん大きな課題なのではないか、と思います。

第四章　昭和天皇はなぜ「憲法絶対」にこだわったか

「憲法絶対」の天皇の行き方

生物学研究の影響力

昭和を考える場合、天皇を無視することはできず、無視すればその昭和史はフィクションに過ぎまい。このことに異論のある人はいないであろうが、今まで私が読んだ昭和史の中で「天皇自身のドクトリン」は何であったかを正面から取りあげたものは、残念ながらまだ見たことがない。

もちろんこのことは「天皇がどう見られていたか」の記述がないということではない。それならいくらでもあり、「現人神《あらひとがみ》」「戦犯第一号」「人間天皇」等々、数えあげていけばまだいくらでもある。それなら一体「天皇は自らをどう規定し、どういう基本原則を保持しつづけていたのか」となると、これは、「何となく感じられる」が限度で明確な解答はない。

一応、無理ないこととといえよう。天皇自身が「私の自己規定および基本原則はかくかくしかじかである」と公表されたことはないし、されるはずもないからである。

では明らかにならないか、といえばそうはいえまい。天皇の受けた教育と、その成果を生涯保持された面をたどっていけば、ある程度は明らかになる。

もっともわかりやすい例をあげれば、少年期に受けた服部広太郎《はっとりひろたろう》博士（注：東宮御学問所御用掛《がかり》生物学担当、植物学者）の影響と、それによって生涯続けられた生物学御研究がある。戦前は、これに対して相当に強い周囲の抵抗があり、侍従武官《じじゅうぶかん》などには、絶対にやめさせろと息まくものもいたらしいが、天皇は崩御《ほうぎょ》されるまでこれを継続された。

この研究継続は、誰の要請でもない、天皇自身の自己規定で、それを静かにかつ強靭《きょうじん》に継続されたということである。生物学御研究は政治にも国事にも直接関係はないが、そのほかの面、いわば私生活、公人としての出処進退、政治的判断、国事等について、「服部広太郎博士と天皇の生物学御研究」のような関係が見られるであろうか。

さまざまな例を見ると「見られる」と判断してよいであろう。これは「天皇と昭和史」を考える場合、もっとも興味をそそられる視点である。

生物学者天皇にとって「人間天皇」はあたりまえ

この点で興味深いのが、まず、天皇自身が日本の歴史をどう見ていたかという問題である。簡単にいえばそれは、自らを戦前的な意味での「現人神」と見たか、「人間」と見たかである。

この点で服部広太郎博士の役割を演じたのが白鳥庫吉《しらとりくらきち》博士（注：東洋史学者）である。白鳥博士は言うまでもなく津田左右吉《つだそうきち》博士の師であり、神話と歴史をはっきり峻別《しゅんべつ》した人である。

もし白鳥博士の『国史御進講草案』の全文が残っていれば、この問題への貴重な一次資料となるが、残念ながら入手できない。ただ『天皇の学校』（大竹秀一著・文藝春秋）に次のような記述がある。

「……乃木《のぎ》さん（当時学習院院長）という人は非常に頑固な人だと聞いておったものですが、それでも先生（白鳥＝筆者注）のお話によって案外分る人だとも思いました。乃木さんに神話と歴史事実は別のものであるということを篤《と》く生徒にも話したいと思うけれども、了承しておいてもらいたいということを言ったら、乃木さんはまことにもっともだ、神話は神話で歴史事実は歴史事実だ、ということで……（中略）

殊《こと》に御学問所に行かれるようになりましてから、皇太子様にはうそのことは申し上げられない。だから神話は神話だ、それから本当の歴史事実はこういうことだ、ということを申し上げるのだ。それは私は俯仰《ふぎょう》天地に恥《は》じないということを言っておられた……」（注：「東方学」第四十四輯《しゅう》での白鳥の門弟・石田幹之助《いしだみきのすけ》の談話）

この白鳥博士の言葉を疑う根拠はない。さらに天皇が海洋生物学に少年期から強い関心を抱いていたことも見のがせない。その理由は『日本書紀』を読んでくだされればわかることだが、次に簡単に要約しよう（注：以下、いわゆる海幸山幸《うみさちやまさち》の神話）。

アマテラスから四代目のヒコホホデミが兄の釣針《つりばり》を失い、これを探しに海底に下り、海神《わたつみ》の娘トヨタマヒメと結婚して三年留《とど》まるが、望郷の念にかられ、妻とその妹のタマヨリヒメを連れて陸地に帰る。

トヨタマヒメは妊娠しており、海辺にのぼると産気づいたので産屋《うぶや》を造《つく》りこもる。そして出産が終わるまで中を見ないようにいうのだがヒコホホデミは秘《ひそ》かに見てしまう。すると出産のときトヨタマヒメは龍になっていた。それを知った彼女は生まれた子と妹を残して海に帰り、海への道をとざす。

このようにして生まれた子がヒコナギサタケウガヤフキアエズで、やがて長じて叔母のタマヨリヒメを妻とし、生まれたのがカムヤマトイワレヒコ、すなわち神武《じんむ》天皇である。

ここで『日本書紀』の「神代」は終わるが、これを歴史的事実だと海洋生物学者に主張できるものがいれば、その者の正気を疑う以外にない。このほかにも、天皇が神話と歴史を峻別しておられたと見られる傍証《ぼうしょう》があるが、この問題は以上で十分であろう。

生物学者天皇にとって「人間天皇」などは、あたりまえすぎるほど、あたりまえであったろう。

天皇の個人的・倫理的自己規定の内実

では天皇の個人的・倫理的自己規定に、服部・白鳥両博士のような影響を与えたのは誰であろうか。杉浦重剛《すぎうらじゅうごう》（注：国粋主義的教育者）であり、幸い彼の『倫理御進講草案』は、一部が欠落しているが、相当部分が残っており、「目次」は全部残っているので、その講義内容はほぼ推察がつく。

彼は「神話」には触れず、これは白鳥博士の担当としていたらしい。出てくるのは「三種の神器」だけだが、その章を読むと、おもしろいことにこれを完全に非神話化し、三種の神器とは「知仁勇」そして西欧的にいえば「知情意」の象徴である、で打ち切っている。

彼の風貌《ふうぼう》はいわば「国士的」で、その写真は〝右翼的〟という印象を与えるが、イギリスに留学して化学を専攻しており、科学者の片鱗《へんりん》が、いかめしい『倫理御進講草案』のところどころに顔を出している。

彼は「序」で教育の基本を㈠三種の神器＝知仁勇＝知情意、㈡五箇条ノ御誓文《ごせいもん》、㈢教育勅語《ちょくご》に置くと記《しる》しており、全篇この原則通りであるといってよい。

このうち㈠については、「知情意のバランスのとれた発育」は、いわば教育の普遍的原理で、特に取りあげる必要はあるまい。ただ一言つけ加えれば杉浦は「明治天皇は知仁勇を具備し給へり」と述べていることと。㈠を具体的にいえば明治天皇を模範にせよということである。

ここで㈡と㈢に移ることにし、まず㈢からはじめよう。

㈢は主として個人倫理だが、杉浦は「教育勅語」の「朕爾《なんじ》臣民ト倶《とも》ニ拳々服膺《けんけんふくよう》シテ咸其《みなその》徳ヲ一《いつ》ニセンコトヲ庶幾《こいねが》フ」のところで、まず天皇自らがこの通り厳格に実行しなければならないと強調する。それによってはじめて「臣民をして斯《こ》の道に進ましむる」ことができるのだという意味のことを強調している。

これはその通りで、「教育勅語」を発布しても、天皇自身がこれをまったく無視していれば意味を喪失する。この点で天皇は、まことに生《き》まじめな模範的生徒であったといえる。ためしに「教育勅語」の「爾《なんじ》臣民」を「天皇」に置きかえて読んでみよう。すると次のようになる。

「天皇は、『父母ニ孝ニ、兄弟《けいてい》ニ友《ゆう》ニ、夫婦相《あい》和シ、朋友相信シ、恭倹己レヲ持《じ》シ、博愛衆ニ及ホシ、学ヲ修メ業ヲ習ヒ以テ智能ヲ啓発シ徳器ヲ成就シ、進《すすん》テ公益ヲ広メ世務ヲ開キ、常ニ国憲ヲ重《おもん》シ国法ニ遵《したが》ヒ、一旦《いったん》緩急アレハ義勇公ニ奉シ』」と。

これがまさに天皇の個人倫理だったのだなと思わざるを得ない（句読点は『倫理御進講草案』の区切り方を示す）。そして生涯、以上の規《き》範《はん》に違反するような行為は、一切しなかったといっても過言ではない。

この点では、「西欧型君主」というより、「儒教型明君《じゅきょうがためいくん》」であろう。これで見ると、杉浦重剛の教育に大きく影響され、生涯それを継続され、その点では「生物学御研究」と同様であったと見てよい。これは天皇の重要な自己規定であっただろう。

天皇には明らかに自らが「国体ノ精華（注：真髄）」を守らねばならぬという信念があった。ということは簡単にいえば、天皇の行為によって国民の「誇り」がきずつけられるようなことは絶対にしてはならない、ということである。もしそれをしたら、天皇自身がプライドを維持できないと考えていた。

ポツダム宣言受諾のときの天皇判断

これは最大の危機のときの決断によく現れている。日本政府は国体維持を条件にポツダム宣言受諾《じゅだく》を八月十日連合国に通告した。

これに対する連合国側の回答は十二日に届き、その中に「日本政府の形態は日本国民の自由意思により決められる」という一文があり、軍部などから、共和制に誘導するつもりだとして、強い反対が出た。

この時点での軍部の予測は必ずしも誤っていたとはいえない。アメリカの政府部内にも、また世論にも、日本を共和制にすべきだという強い意見があったからであり、この時点ではアメリカ政府も内心ではそう考えていたかもしれない。それが「政府の形態は国民の自由意《い》思《し》による」であろう。

当時のアメリカ人は天皇制を日本のガン、というより世界のガンのように考えており、同時にアメリカン・デモクラシーは万人が渇望する最高の制度だから「自由意思にもとづく選択」をさせたら、人類はみなアメリカ型共和制を採用すると信じて疑わなかった。

後にアメリカはこの〝信仰〟のため、高い代償を払うことになる。

軍部等の反対はこの時点では無根拠といえない。ただ天皇の考え方は違っていた。

「『それで少しも差支《さしつかえ》ないではないか。仮令《たとい》聯合《れんごう》国が天皇統治を認めて来ても人民が離反したのではしようがない。人民の自由意思によって決めて貰って少しも差支ないと思ふ』と仰せになった……」（『木戸幸一関係文書―日記に関する覚書』の八月十二日の条《くだり》）。

この言葉は興味深い。というのはこの逆、すなわち占領軍にその地位を保障してもらって降伏した天皇、そして国民がすべてソッポを向いている天皇、そんな地位に身を置くことは、天皇の「誇り」が許さず、同時に国民の誇りもきずつける、と考えられたのであろう。

この判断は的確であったと思う。というのはポツダム宣言受諾において、連合国側と取引をして天皇の地位が保障されていたら、国民はどう感じたであろう。それは、自分の地位保全とひきかえに、国民を敗戦の塗炭《とたん》の苦しみに陥《おとしい》れたと受けとられても仕方がない。

日韓併合（注：一九一〇年、大日本帝国が大韓帝国を併合。韓国併合とも）のとき、日本は李《り》王家に皇族の地位と歳費三千万円を提供する形でその地位を保障している。これは敗戦以上に韓国人の誇りをきずつけ、同時に韓国人はこのとき李朝を捨てたといってよいであろう。

だがポツダム宣言受諾のときの天皇の判断は政治的であったとは思えない。むしろ、国民の誇りをきずつけることは、「国体ノ精華」を無にするということであったろう。軍部にはこれが、わからなかった。

杉浦の講義は決して堅苦しいものでなく、説明の例として、日本だけでなく、世界各国の、少年が喜びそうなおもしろい話を挿入している。その中には、天皇のエピソードと、その性格がきわめて似たものが出てきて興味深い。

すべてを紹介する余裕がないので、「国憲ヲ重シ国法ニ遵《したが》ヒ」に関する次の一話にとどめる（原文は漢文調だが、現代人にわかりやすい表現に改めた）。

「文化年中に北海道エトロフ島に事変が起り、幕府は御目付羽太正養《はぶとまさやす》を蝦夷《えぞ》地奉行として、急ぎその地に赴任させた。正養は幕府の命を受けて急いで旅の仕度をし、種々の兵器を持ち大砲を曳《ひ》いて下総《しもうさ》の国（注：現在の千葉県北部と茨城県南部）栗橋の関所に到着したが、余りに急いだので、通行券を置いてきてしまった。事変への対処は一刻の猶予《ゆうよ》も許さない。そこで、よんどころなく事情を関所の番人に話し、そのまま通り抜けようとしたが、関守《せきもり》は頑として拒否する。仕方がないので正養は、自分だけが急いで江戸に引き返して通行券を取って来ようとし、その間この大砲を関所で預かってくれるように交渉したけれども、関所の規則でそのようなものを預かることはできない、と頑として受けつけない。仕方なく正養は多くの部下を引き連れ、兵器と大砲を持っていったん江戸に帰り、通行券を持って来て、やっとその関所を通り抜けた」と。

そして次のように結論する。「此《こ》の関守が高位の人に恐れず、法則(ママ)を取つて動ぜざると、正養が急変に赴《おもむ》く身にも拘《かかわ》らず、関所の規則に従ひしとは共に遵法《じゅんぽう》の道を守りしものと云ふ可《べ》し」

杉浦の主張は、天皇が国憲・国法を無視・軽視するようなことがあれば、国民はこれを守らない、したがってまず天皇が国憲・国法を絶対に守らねばならないということであろう。「二・二六事件のときと終戦のときと、二回だけ立憲君主の道を踏み違えた」は天皇の有名な言葉だが、政治的に見れば、両方の処置はきわめて適切である。だが天皇にとっては〝汚《お》点《てん》〟か、少なくとも自己批判をすべきことであったらしい。

こういう点、少々批判的にいえば、天皇はこの関守に似てあまりに杓子定規《しゃくしじょうぎ》であったといえるかもしれない。いわば、関守が通さなかったため、エトロフ島が占領されるのに似た事態にもなり得るからである。
このことは天皇自身も感じていたのではないかと思われる。

憲法に忠実であろうとして

戦後しばらくの間、外国では天皇を日本ファシストの首魁《しゅかい》（注：首謀者）のように見ていたらしい。ヒトラー・ムッソリーニ・ヒロヒトと並べるのが当然とされれば、少なくとも一般民衆は「三者同一」と見るであろう。
だが天皇はあくまでも憲法に忠実であろうとしたためそうなったのだから、これは歴史の皮肉という以外にない。ただそう見られることは、天皇にとって堪《た》えがたいことであったらしい。
「自分が恰《あたか》もファシズムを信奉するが如《ごと》く思はるゝことが、最も堪へ難きところなり、実際余りに立憲的に処置し来《きた》りし為《た》めに如斯事態《かくのごとき》となりたりとも云ふべく、戦争の途中に於《お》いて今少し陛下は進んで御命令ありたしとの希望を聞かざるには非《あら》ざりしも、努めて立憲的に運用したる積りなり……」（『木戸幸一日記』の昭和二十年九月二十九日の条）
この「余りに立憲的に処置し来りし為め……」という言葉が、天皇の御言葉のままであるなら、これまた少々自己批判的といえるであろう。

天皇のこの一見矛盾するような自己批判から、「天皇の功罪《こうざい》」を論ずるのは後世の歴史家の仕事であろうが、ここで問題として取りあげたいのは、天皇の「憲法絶対」と、青年将校やそれに同調する右翼の「憲法停止・天皇御親政」との間の、埋めることのできない乖離《かいり》である。

当時のいわゆる革新将校や革新官僚にも「憲法停止・御親政」を主張する人びとがおり、現に秩父宮《ちちぶのみや》（注：大正天皇の第二皇子）がこれを進言し、天皇は「断じて不可なり」という厳しい言葉でこれを拒否したと『本庄《ほんじょう》日記』（注：侍従武官長等を歴任した陸軍軍人・本庄繁の日記の昭和八年九月七日の条）にある。

また近衛《このえ》文麿《ふみまろ》の大政翼賛会を「憲法棚上げ」の策動ではないかと、近衛に向かって強い批判を加えている。近衛は仮装園遊会にヒトラーの扮装で出たりしているから、「いわゆる革新」であり、天皇は相当に警戒していたらしい。

この「乖離」は何より生じたか。さまざまな点が指摘できるがもっとも大きな問題は「憲法教育」が義務教育の中に、無《な》かったに等しいこと、国民は誰も天皇が、それほど憲法を絶対化しているとは思わなかったことである。

私自身の経験を記《しる》せば、「教育勅語」は暗記するほど教えこまれ、今でも大体暗誦《あんしょう》できるが、「明治憲法」は戦後になってはじめて意識したようなものである。もっとも今でも「憲法停止・御親政」で戦争を止めてくれたほうがよかったという人もいるかもしれない。

だがそううまく行ったかどうか、いずれも「歴史の仮定」だから明らかではないが、天皇はもし戦争を許可しなかったら「新しい天皇がたてられたでしょう」とマッカーサーにいったという記録はある。

私はフィリピンの収容所でこれを聞き、もしそれをしたら天皇を暗殺して秩父宮を擁立することを青年将校が計画していたという話も聞いたが、もちろん単なるデマかもしれない。ただ二・二六事件の磯部《いそべ》浅一《あさいち》（注：二・二六事件の中核メンバー）の遺書を見ると、あり得ないことではないという気もする。

と考えると、やはり「憲法絶対」の天皇の行き方が正しかったのであろうか。だがこの問題は前述のように後世の歴史家に委《ゆだ》ねるべき問題であろう。

「憲法停止」は「廃位」に等しい

二・二六事件で「憲法意識」の正面衝突

この「憲法意識」の乖離がもっとも鮮烈に出ているのが二・二六事件である。「憲法停止・御親政」の青年将校たちと「憲法絶対」の天皇との正面衝突である。だがこの問題も別の機会に譲《ゆず》り、天皇がなぜ「関守」のように憲法を絶対化したかに進むことにしよう。

いわゆる「人間宣言」といわれる昭和二十一年一月一日の詔勅《しょうちょく》（注：天皇の意思を示す文書）は、まず冒頭に「五箇条ノ御誓文」が出てくる。

天皇はこれが明治憲法の基本であると考えていただけでなく、実は明治以降の更新された天皇制はこのときにはじまると考えていたと思われる。いわば神話が基礎でなく「五箇条ノ御誓文」が基礎なのである。

なぜ天皇がそう考えたか。これは、今では忘れられているが、「五箇条ノ御誓文」とともに公布された明治天皇の「お言葉」と「御宸翰《しんかん》（注：天皇自筆の文書）」があり、杉浦はまず「お言葉」の解説をしている。

それは「朕躬《み》を以て衆に先んじ、天地神明に誓ひ、大《おおい》に斯《この》国是を定め、万民保全の道を立《たて》んとす。衆亦此旨趣《またこのしいしゅ》に基き協心努力（注：心を一つにして努力すること）せよ」である。したがって「五箇条ノ御誓文」と「明治憲法」を守ることは天皇の絶対的義務であり、これを否定するものは天皇を否定するものということになる。

そしてこれと共に新しい天皇制ははじまる。「天皇家」と「天皇制」は同じではない。極端な言い方をすれば、亡命しても「天皇家」は残りかつ存続するが、それは「天皇制」が存続するということではない。

この問題が出てくるのが明治元年三月十四日の「御宸翰」である。これは今読むとあまり切実な感じはしないが、政権が天皇家に戻った直後に読めば、たいへんに実感のある文章であったであろう。

相当に長いので一部のみを引用するが、句読点とルビは私が打ったもので、原文にはないことをお断りしておく。

「（武家が政権をとり）……遂《つい》に億兆（注：人民）の君《きみ》たるも唯《ただ》名のみに成り果て、其《それ》が為に今日《こんにち》朝廷の尊重は古《いにし》へに倍せしが如くにて朝威（注：朝廷の威光）は倍《ます》衰《ます》へ、上下相《あい》離るること霄壌《しょうじょう》（注：天と地）の如し。かかる形勢にて何を以《もっ》て天下に君臨せんや。今般《こんぱん》朝政一新の時に膺《あた》り、天下億兆一人《いちにん》も其処《そのところ》を得ざる時は皆朕《ちん》が罪なれば、今日の事、朕自ら身骨を労

愛読者カード

ご購読ありがとうございました。今後の参考とさせていただきますので、ご協力をお願いいたします。また、新刊案内等をお送りさせていただくことがあります。

【1】本のタイトルをお書きください。

【2】この本を何でお知りになりましたか。

1.書店で実物を見て　2.新聞広告(　　　　新聞)

3.書評で(　　　　)　4.図書館・図書室で　5.人にすすめられて

6.インターネット　7.その他(　　　　)

【3】お買い求めになった理由をお聞かせください。

1.タイトルにひかれて　2.テーマやジャンルに興味があるので

3.著者が好きだから　4.カバーデザインがよかったから

5.その他(　　　　)

【4】お買い求めの店名を教えてください。

【5】本書についてのご意見、ご感想をお聞かせください。

●ご記入のご感想を、広告等、本のPRに使わせていただいてもよろしいですか。

□に✓をご記入ください。　□ 実名で可　□ 匿名で可　□ 不可

郵便はがき

切手をお貼りください。

102-0071

東京都千代田区富士見一―二―十一
KAWADAフラッツ一階

さくら舎 行

住所	〒　都道府県		
フリガナ		年齢	歳
氏名		性別	男　女
TEL	(　)		
E-Mail			

さくら舎ウェブサイト　www.sakurasha.com

し、心志を苦《くるし》め、艱難《かんなん》の先に立ち、古《いにしえ》列祖（注：歴代の祖先）の尽《つく》させ給ひし蹤《あと》（注：足あと）を履《ふ》み、治蹟《ちせき》（注：政治上の功績）を勤めてこそ始《はじめ》て天職を奉じて億兆の君たる所に背《そむ》かざるべし」とあり、ついで自分はそうするから国民も心から協力してほしいという言葉でこの宸翰は終わる。

そしてこの部分には、これから大改革をおこなうが、驚かないで、その改革について来てほしいという「旧弊一洗・御一新」の予告がある。次に引用しよう。

憲法への侵害は自己の人格への侵害

「汝億兆旧来の陋習《ろうしゅう》（注：悪習）に慣《な》れ、尊重のみを朝廷の事《こと》となし、神州（注：日本）の危急をしらず、朕一《ひと》たび足を挙《あぐ》れば非常に驚き、種々《さまざま》の疑惑を生じ、万口紛紜《ばんこうふんうん》（注：多くの人の言葉が乱れ）として朕が志を為さゞらしむる時は、是《これ》朕をして君《きみ》たる道を失はしむるのみならず、従《したがっ》て列祖の天下を失はしむるなり。汝億兆能々《よくよく》朕が志を体認し、相率《あいひきい》て私見を去り公義を採り、朕が業を助て神州を保全し、列聖の神霊を慰《い》し奉《たてまつ》らしめば生前《しょうぜん》の幸甚ならん」

「五箇条ノ御誓文」でもこの「御宸翰」でも、今読めば少々意味の取りにくい点もあるであろうが、幕末から明治にかけては、ごく平易な日本語であり、それまでの正規の文書のように漢文調で書かれているわけではない。いわば国民への呼びかけである。

そして天皇の教育を担当した人びとは多くは幕末の生まれ、杉浦自身は安政二年（一八五五年）の生まれで、膳所《ぜぜ》（注：近江国大津周辺）藩の儒者の子、明治三年に貢進生《こうしんせい》（注：洋学を学ばせるための藩からの推薦入学生）として東京の大学南校（東大の前身）に遊学したとき十五歳、当時の十五歳は大人であり、この時代を自ら体験していた。「御宸翰」には特に講義はついていないが、その説明は、実感があったであろう。

「教育勅語」が天皇の私的規範なら、「五箇条ノ御誓文」と「明治憲法」は天皇の公的な行動基準であったといえるが、天皇の場合、この公私は一体化している面があり、実にはっきりと峻別《しゅんべつ》している面もある。

一面から見れば「憲法の体現者」であるから、憲法への侵害は自己の人格への侵害であり、「憲法停止」などという言葉は「天皇棚上げ」か「廃位」に等しかったであろう。と同時に公私の峻別は実にはっきりしている。たとえばアメリカでは「ナンシー人事」という言葉があり、これは言うまでもなくレーガン夫人の好き嫌いで人事がおこなわれているということだが、「皇后人事」という言葉も「皇族人事」という言葉もない。

またついぞ、そういう噂《うわさ》はない。それだけではない。皇族の「内奏（注：天皇に内密に申しあげる）」さえ受けつけなかった。

ミッドウェーの敗戦の後に高松宮《たかまつのみや》（注：大正天皇の第三皇子）が、これですでに敗戦と決定したから、その処置をされるように進言したといわれる。これが事実なら、高松宮の判断は正しい。だが天皇は受けつけない。

確かに弟宮として私的な意見交換はしても、当時の高松宮は中佐にすぎない。一中佐が海軍軍令部長を差し置いて天皇に公的な意見具申《ぐしん》をすることを天皇は許さない。聞くとすれば、弟宮との私的な会話として聞くだけである。

乃木大将が献上した『中興鑑言』

天皇のこれまた頑固なぐらいの公私峻別は何から生まれたのであろうか。おそらく、殉死《じゅんし》の直前に乃木《のぎ》大将が献上した『中興鑑言《ちゅうこうかんげん》』が大きく影響しているであろう。

このとき乃木大将は『中朝事実《ちゅうちょうじじつ》』（注：山鹿素行《やまがそこう》の歴史書）も献上しており、この書については、二、三の解説があることは知っている。私にはその解説に相当な異論があるが、この問題は本稿には関係はないので、ひとまず除く。

ただ『中興鑑言』についてはほとんど解説がないといってもよい。もちろん本文を読まなかったらしい説明はあるが、これは無理もない。現在ではほとんど、本文の入手が不可能だからである。戦前の『水戸学《みとがく》全集』（日東書院）に入っているが伏字と削除で意味が取れないといってよい。

といえば自ずから明らかなように、戦前は発禁同様、そして戦後は忘れられた書である。これは水戸の彰考館《しょうこうかん》総裁三宅観瀾《みやけかんらん》の著作で、『中興鑑言』の書名の通り、建武《けんむ》の中興批判、というより後醍醐《ごだいご》天皇（注：鎌倉幕府打倒を図り、天皇親政を復活＝建武の中興）への徹底的で峻烈きわまる批判である。

本書については『現人神の創作者たち』（ちくま文庫）で記したから再説しないが、この書を乃木将軍が自ら筆写して献上したのが興味深い。

天皇すなわち皇太子裕仁《ひろひと》親王には、この本は相当にショックであったであろうと私は想像している。というのは戦前は後醍醐天皇は叛臣《はんしん》・逆臣に悩まされた「悲劇の帝王」とされ、そこで忠臣楠木正成《くすのきまさしげ》の像が鮮明に浮びあがる図式になっている。

忠臣乃木将軍は、庶民はそれでよいと思ったかもしれないが、将来の天皇まで本気でそう思っては困る。後醍醐天皇のようなことをすれば、同じ運命に陥りますよといった警告の意味で、この書を献上したのであろう。

こんなことをすれば天皇の地位を実質的に失うのはあたりまえのことだ、簡単にいえばこれが三宅観瀾のいっていることであり、それはさまざまな点で指摘されているが、この中で特に問題としているのは「内奏」である。

天皇が正規の組織の奏上にもとづいてある決定を下す。「綸言汗《りんげん》の如し（注：一度口から出した君主の言は取り消せない）」で、一度決定を下したら変更してはならない。もちろん、正規の奏上にもとづくが、天皇が不審に思って諮問《しもん》をし、その結果、新たな奏上があって別な決定を下すのなら、それはそれで筋が通っているが、後宮《こうきゅう》（注：皇后などが住む宮中の奥）に働きかけて中宮《ちゅうぐう》（注：皇后）を動かし、寝所《しんじょ》で昼の決定をくつがえすようなことがあれば、誰も天皇の言葉を信用しなくなってしまう。そうなればもうおしまいであろう。

天皇にはこれがなかった。あくまでも憲法で定められた制度にもとづく上奏《じょうそう》しか受けつけず、それ以外のことには耳をかさなかったといってよい。しかし『中興鑑言』は『倫理御進講草案』には入っていない。さすがの杉浦もこの書の講義は御遠慮申しあげたのであろう。

しかし、乃木将軍が殉死の直前に献上したものを、天皇が無視したとは思えない。天皇は性格的にそういうことができない。几帳面《きちょうめん》すぎるほど几帳面なタイプであった。この徹底した「内奏拒否」をどう考えるべきか、これまた歴史家の課題であろう。

「歴史的なある一時期」には、啓蒙的絶対君主が要請される時期があることは否定できないからである。この点で天皇は、時代を先んじすぎたといえる面があるかないか、これは昭和を考える場合の、一つの視点となり得るであろう。

立憲君主の模範答案

「天皇も憲法の下」

記すべきことは多いが多くは他日に譲らねばならない。しかし昭和二十一年二月の天皇の侍従長への言葉は、以上の問題への「天皇の回答」として記しておいてよいであろう。

「……こんどの戦争についても、どうかして戦争を避けようとして、私はおよそ考えられるだけは考え尽した。打てる手はことごとく打ってみた。しかし、私の力の及ぶ限りのあらゆる努力も、ついに効をみず、戦争に突入してしまったことは、実に残念なことであった。ところで戦争に関して、この頃一般で申すそうだが、この戦争は私が止めさせたので終った。それが出来たくらいなら、なぜ開戦前に戦争を阻止しなかったのかという議論であるが、なるほどこの疑問には一応の筋は立っているようにみえる。如何《いか》にも尤《もっと》もと聞こえる。しかし、それはそうは出来なかった。

申すまでもないが、我国には厳として憲法があって、天皇はこの憲法の条規によって行動しなければならない。またこの憲法によって、国務上にちゃんと権限を委ねられ、責任をおわされた国務大臣がある。

この憲法上明記してある国務各大臣の責任の範囲内には、天皇はその意思によって勝手に容喙《ようかい》（注：口出し）し干渉し、これを掣肘《せいちゅう》することは許されない。

だから内治にしろ外交にしろ、憲法上の責任者が慎重に審議をつくして、ある方策をたて、これを規定に遵《したが》って提出して裁可を請われた場合には、私はそれが意に満ちても、意に満たなくても、よろしいと裁可する以外に執《と》るべき道はない。

もしそうせずに、私がその時の心持次第で、ある時は裁可し、ある時は却下したとすれば、その後責任者はいかにベストを尽しても、天皇の心持によって何となるか分らないことになり、責任者として国政につき責任をとることが出来なくなる。

これは明白に天皇が、憲法を破壊するものである。専制政治国ならばいざ知らず、立憲国の君主として、私にはそんなことは出来ない」（『侍従長の回想』藤田尚徳《ふじたひさのり》）。

立憲君主制とは、別の言葉でいえば制限君主制であり、天皇は忠実にこの制限を守ったということ、上記の引用は、いわば「立憲君主の模範答案」であろう。

戦前にも天皇はごく当然のように「憲法の命ずるところにより……」という言葉を口にしている。

天皇は明治天皇の「五箇条ノ御誓文」と「明治憲法」を絶対化しているから、天皇自身にとっては当然の言葉であったろう。しかし、これを耳にしたら、戦前の国民は驚いたと思う。というのは「天皇に命令する何かがある」とは夢にも思っていなかったからである。

ここに天皇の「憲法絶対」と、国民への憲法教育の皆無《かいむ》にもとづく両者の乖離があったであろう。そこに「憲法停止・御親政」といった言葉が出てくる。

では一体、誰が停止するのか、天皇が「本日をもって憲法を停止する」といえると思っている者がいたのだろうか。

確かにいた、そして、いても不思議ではなかった。私なども中学生のころ、何となく「天皇は憲法の上」と感じても「天皇も憲法の下」とは感じておらず、これは私だけでなく、ほぼ共通した感じであったと思う。おそらく、そういった教育を受けたからであろう。

天皇が警戒していたこと

天皇は憲法に定められた正規の手続きにもとづく憲法の改正にはもちろん反対ではなかった。

近衛が挙国的国民組織をつくり、ナチスばりの一国一党制へ進もうとしているらしい、と思われた天皇は、「憲法棚上げ」の布石《ふせき》ではないかと相当に警戒している。

そのときに「憲法の改正を必要とするのであるなれば、正規の手続きにより之《これ》を改正するに異存はないが……」（『木戸幸一日記』の昭和十五年八月三十一日の条）と、述べられている。したがって戦後の新憲法――これは正しくは帝国憲法の改正だが――にはもちろん異存はなかったであろう。

これが議会に提出されたときの勅書《ちょくしょ》には「……国民ノ自由ニ表明シタ意思ニヨル憲法ノ全面的改正ヲ意図シ、ココニ帝国憲法第七十三条ニヨツテ、帝国憲法ノ改正案ヲ帝国議会ノ議ニ付スル」とある。これは天皇にとって当然のことであったろう。

そして戦後は一貫して「新憲法の命ずるところにより……」であったことは、誰の目にも明らかである。

このように見ていくと、天皇は「憲政」を日本に根づかせた最大の功績者かもしれない。というのは「憲法停止・御親政」の声があがったとき、もし天皇がその気になれば、それが不可能でなかったことは、あの時代の「空気」を知る私には疑う余地がない。軍部は双手をあげて賛成で、軍事力をもって、「天皇親政という名の軍部独裁」へと突き進んだであろう。そうなったら、どういう結果になったであろうか。これも「歴史の仮定」であり、それ以上のことはわからない。

明治憲法の発布は明治二十二年（一八八九年）、このころから多くの国が西欧を模倣《もほう》して立憲政体になっている。すべてを調べあげたわけではないが、それを現在まで維持・継続できた国は、どうも日本だけらしい。

これには天皇の頑固なまでの憲法絶対が大きく寄与しており、これは疑問の余地はない。たいへんな功績であろう。

ただ「二回だけ、自分は立憲君主として道を踏みまちがえた」のなら、「啓蒙的《けいもうてき》独裁君主としてもう一回だけ踏みまちがえていただきたかった」というのは少々無理な注文であろうか。これも後世の歴史家に委ねる問題であろう。

第五章　天皇なき天皇制思想がなぜ横行したか

明治以降の天皇制の実体

矛盾に目をつぶるしかなかった明治政府

古い時代のことはさておき、天皇制を近代に限定するなら、これは一八六七年の大政奉還（十月十四日）、王政復古宣言（十二月九日）以降のことであるから、約百年（注：一九七四年時点）の歴史をもつにすぎない。

同時代の世界のおもな事件を拾ってみるなら、太平天国の最後の首都であった南京が陥落（一八六四年）、南北戦争終了、リンカーン暗殺、奴隷廃止宣言（一八六五年）、仏軍のカンボジア占領（一八六七年）、ディズレーリ内閣成立（一八六八年）、イギリス全国労働組合会議結成（一八六八年）、ドイツ社会民主労働党結成（一八六九年）、ニューヨークで恐慌発生（黒い金曜日・一八六九年）等があり、いわば、二十世紀への胎動期である。

そして、よかれ悪《あ》しかれ、われわれはこの時代を、尊皇《そんのう》思想の一つの具体的成果をもってはじめたわけである。

言うまでもなく、近代天皇制の成立そのものには、前記の諸事件に見られるような、西欧の近代化とそれにもとづく諸思想の影響は見られず、朱子学《しゅしがく》の正統思想の日本的変形を基盤としている。

確かに幕藩体制（これは厳密な意味ですでに封建制度とはいえない）は崩壊期に入っており、また、急激な改革期はいずれの形態をとるにせよ一種の強力な集中的権力を要請するとはいえ、それらはそれだけの理由では近代天皇制へと移行した必然性を説明し得ない。西欧的な過程をそのままたどるなら、むしろ、将軍に権力が集中してゆき、諸侯が一種の上院を構成する文字通りの幕府藩閥政体となって不思議でなかった。

幕府の動きは一応この方向に向かっている。一方、当時の朝廷それ自体には、統治能力も行政能力もなく、もちろん軍事力もなかった。したがってこの時期に、幕府でも薩長でもなく、「天皇」を政治的権力の中枢《ちゅうすう》に置いたものは尊皇思想であって、それ以外にその理由を求めることはできない。

したがって、それによって成立した国家は、たとえ政策はどう変更しようと（一例にすぎないが、攘夷《じょうい》から開港に一転しようと）、そのイデオロギー的基盤を前記の思想に求めざるを得ず、その思想を一つの実践要綱として要約したものが「教育勅語《ちょくご》」であろう。

これが明治憲法と併行する、否《いな》、明治憲法以上の力をもつ強力な規範《きはん》、「思考の枠組《わくぐみ》と政権の基礎」を構成していたことは否定できない。

「教育勅語」について、台湾人林景明《りんけいめい》氏（注：台湾独立運動の闘士）からおもしろい話を聞いた。氏の父君は小学校の教頭（校長は必ず日本人で、教頭はいわば台湾人の最高位。ただし校長は転任するので実質的には校長であったという）で、いわゆる皇民化教育を率先しておこなった人であった。

日本人から見れば、まことに頼もしくかつ信頼できる現地の協力者だったわけである。氏は朝に夕に「教育勅語」を捧読《ほうどく》（注：ささげもって、うやうやしく読みあげる）していたが、常に家族を「日本人でさえ、これだけのことをいえるようになったんだぞ」という形で訓戒していたという。

中国人の目から見れば、「教育勅語」は儒教《じゅきょう》を基本とする一つの道徳律である。そして日本人はかつて、「東夷《とうい》（注：東方の未開民族）」であり「化外《けがい》（注：統治の及ばない）の民」であった。その化外の民、いわば蕃族《ばんぞく》にもやっと中国の教化が及び、そこの皇帝が、このような立派な勅語を出せるまでに進化した。

彼らですら、これだけのことをいっている。まして、われわれにおいてをや。中国人であるわれわれが、自らの伝統の履行《りこう》において、彼ら（日本人）に劣ってよいであろうか。みな朝夕これを読んで、自戒するように――ということであったという。

同氏の小学生への「勅語」講義は、表現に差はあっても、基本的には同趣旨であったろう。

中国人なら、こういう受けとり方以外はできまい。

だが、当時も今も、天皇制を支えた支柱の一つである「教育勅語」を、このような観点から見たものはいないと思う。そして第二次世界大戦直後、日本人はこれに規定される道徳律を「封建的」という名で一応否定した。

しかし、正しくはこの語は「儒教的規範、特にその中の家という思想とそれにもとづく体制」の意味である。だが、それならばこの「家」および「家の思想」からの「個人の解放」は、明治末期から常に文学の主題であった。したがって「戦後の特徴」とはいえない。

「家がなくなったら、（戦前の）日本文学の主題はなくなってしまう」と佐古純一郎《さこじゅんいちろう》氏（注：文芸評論家）がいわれたが、問題は「家そのもの」よりも、これに象徴される儒教的社会規範とその奥にある尊皇思想との抗争と、それからの脱却だったはずである。

ただ政府は一貫してこの問題に目をつぶる以外になかった。というのはここに、明治政府のもつ基本的矛盾《むじゅん》があったからである。昭和になっても「教育勅語」が存在するから「わが国には思想問題は存在しません」という珍答弁を政府が議会でおこない、この問題は徹底的に避けていた。

なぜそうなったか。権力の基盤を儒教的イデオロギーの絶対化に置く。そしてこれによって確立した絶対的権力によって、西欧化を極力能率的に推進する、この矛盾した行き方が明治の基本的態度だったからである。

明治はその正の面《プラス》がもっとも効率的に発揮された時期、一方昭和前期はその内包する矛盾があらゆる面で負《マイナス》へと噴出した時期、大正が一種の短い両者の平衡的《へいこうてき》時期といえるであろう。

そしてこの矛盾は、象徴的に見るならば、「教育勅語＝儒教的イデオロギー」と「明治憲法＝西欧的制限君主制」という、相いれないものをともに絶対化して併存させていたという点に表れている。

チャーチルの原則は適用できなかった

明治憲法は、完全な民主主義的憲法でないといわれる。だがしかし、そう規定する人の言葉をイギリスにあてはめれば、イギリスも〝完全な民主主義〟社会ではあるまい。

問題はそういった〝名目的なこと〟にはないであろう。チャーチルの言葉を借りるならば、少なくとも近代国家において真に権力を握っているものは、予算の審議権・議決権・執行権をもつものである。彼は、近代国家においては「軍が暴走して戦争になる」ことはあり得ない、「そういう主張は一種の責任転嫁《てんか》だ」という意味のことをいっている。

この言葉は正しい。というのは、戦国時代ですら「戦費の支出」なくしては、軍は動けない。まして近代社会では、予算の裏づけなくしては、一個師団を動かすことも不可能だからである。

これは、傭兵《ようへい》時代が長かった西欧では、おそらく説明無用の公理であり、「予算を握るものが、軍事力はもとより、すべての権力を握る」のは自明の前提であろう。

イギリスでは、今もなお政府は、女王陛下の「私の政府」であり、軍は、国王《ロイヤル》の海軍《ネービイ》と国王《ロイヤル》の陸軍《アーミイ》であって、名目的には、かつての「天皇の政府」「天皇の軍隊」と同じである。しかし、名目が何であれ、下院の議決なき限り、建艦費や師団増設費はもちろんのこと、徴兵費も訓練費も、軍を移動さす諸費用も一切出ない。

これは否応《いやおう》なき文民統制《シビリアン・コントロール》である。そしてこの「戦費の戦争責任」というもっとも重要な問題が、戦後まったく究明されていないのは、マッカーサーの宣撫《せんぶ》（注：占領地で人心を安定させる）工作とこれに便乗した政治家の責任回避に起因するともいえようが、基本的には後述するように明治以降の延長線上にある同じ問題の露呈であろう。

明治憲法にどのような欠点があったとはいえ、予算の審議権と議決権は、一貫して帝国議会が握っていた。したがって議会が、予算を通して軍をもほぼ完全に統制し得た時代があったし、またあって当然であった。

言うまでもなくそれは大正時代から昭和初期で、大正元年の閣議の二個師団増設案否決による上原勇作《うえはらゆうさく》陸相の単独辞職、三年の貴族院による海軍建艦費の大削減、同年の衆議院による二個師団増設費否決にはじまり、「尾張」以下七隻の建艦中止、ワシントン条約の締結、四個師団の廃止等から昭和五年のロンドン海軍軍縮会議の無条件批准《ひじゅん》まで、後年の〝軍の横暴〟と対比すると、この強力な議会、弱体な軍という関係がわずか数年で逆転したその逆転ぶりには、一種異様な印象を受けざるを得ない。

そしてこの逆転と昭和期の天皇尊崇↓現人神《あらひとがみ》化は、明らかに同一現象の二側面と見られる。一体この昭和期の天皇尊崇思想は、何に起因しているのであろう。明治維新のように、これを朱子学に求めることはできない。日清戦争後以降の半永続的な中国蔑視《べっし》は、中国思想の影を薄くし、昭和には、顔真卿《がんしんけい》（注：唐代の屈指の忠臣）も文天祥《ぶんてんしょう》（注：南宋に忠節を尽くした軍人。この二人の言行は幕末の志士に大きな影響）もすでに国民的規範ではあり得なかった。

満州事変から日華事変、太平洋戦争まで、軍がどのようにして「臨時軍事費」という名の戦費を獲得していったか。一体全体、この戦費を支給した責任者は誰なのか、という問題は「戦費の戦争責任」という面で別の機会にすでに論じた（季刊『歴史と文学』第10号。本書の第一章）から詳説しない。しかし、一ついえることは、この点に関して制限君主制下の天皇は何ら権限がなかったという事実である。

天皇は、「軍に戦費を支給してやれ」とはいえない。また「戦費を支給するな」ともいえない。この点ではまったく無力である。

では、チャーチルの規定をそのまま日本にも適用し、天皇に戦争責任はない（これは戦犯問題におけるイギリスの主張）、「臨時軍事費」を審議・可決した帝国議会が戦争の元凶であり、議会こそ戦争の責任者である、といえるであろうか？

確かに、大正時代のように議会が戦費を堂々と否決していたら、柳条湖《りゅうじょうこ》事件（注：一九三一年、満州で南満州鉄道が爆破された事件）も盧溝橋《ろこうきょう》事件も、現地の一事件《アクシデント》として、線香花火で終わったであろう。そしてこの点でもっとも奇怪なのは近衛文麿《このえふみまろ》内閣であり、彼は事変の「不拡大」を国民に公約しつつ、一方では、事変を拡大する膨大《ぼうだい》な臨時軍事費を含む予算を平気で議会に提出していた。

そして、さらに不可解なのは、当時も現代も、誰もこの不可解な行動の原因と、それに伴う責任は追及していないことである。

その原因は、建前《たてまえ》はどうであれ、実情はチャーチルの原則は日本には適用できなかったという事実であろう。ではなぜできなかったか。それを探ることが「昭和の天皇制」を探究する一方法となり得ると思う。

戦前にもあった象徴天皇制

だがここでもう一度「大正」をふり返ろう。少なくとも大正十年の現天皇（注：昭和天皇）の摂政《せっしょう》就任まで、日本は「天皇の存在を無視した天皇制国家」として運営されてきた。たとえ明治憲法の規定において、政府が天皇の「私の政府」であろうと、軍隊が「ロイヤル・アーミイ＝天皇の軍隊」であろうと、大正天皇は直接にも間接にも何の政治的影響力も行使し得ない完全な〝象徴〟であった。

原因がいずれであれ、「象徴天皇制」は戦後のみの現象ではない。したがって大正期は、日本がすでに、天皇個人が政治的影響力をまったく行使し得なくとも存続し、かつ運営できる「天皇制イデオロギー国家」であったことを示している。

この点、天皇個人がどのように自己規定しようと、それが政策とはなり得ない後代がすでに出現しているわけである。そして明治天皇が実際に政治的影響力をもち得たのを明治五年（一八七二年）以降と仮定するならば、近代天皇制の全期の約半分は、象徴天皇制であったといえる。

この大正期象徴天皇制と戦後象徴天皇制の中間期、言葉をかえれば、大正民主主義時代と戦後民主主義時代にはさまれた二十年間こそ、いわば全百年の間に存在した特異な天皇制時代と見るべきだが、ではわれわれはこの時代をどう解釈すべきであろうか。

いわば天皇の戦争責任という問題と関連して、人びとが「天皇制」という場合、その問題意識の底にあるものは、実は、この特異な二十年であり、それ以外の時期ではないからである。

そしてこの間、天皇個人はあくまでも自分を〝明治大帝の不磨《ふま》の大典（注：不朽《ふきゅう》の大日本帝国憲法）〟すなわち、神聖なる「明治憲法」が規定する役割通りにすることを、まことに生《き》まじめに自己に課していた、いわば大正時代の延長線上に、「制限君主としての自己」を厳格に自己規定していた。

この点を否定する資料はない。そして天皇を弁護する人が必ずもち出すのが、制限君主としての天皇の徹底的な自己規定である。

それはおそらく事実であろう。だが明治憲法に規定された天皇、そして大正時代に予算の編成・審議・議決・執行というチャーチルのいわゆる近代国家における唯一の「権力」を名実ともに喪失した天皇、そしてその枠内に自らを規制した現天皇自身と、当時の日本に、大正期から見れば急速にふくれあがったと見える全日本的な天皇尊崇思想の実体の解明とは、はっきり分けて考えねばならない。

一方は天皇個人の問題であり、一方は国民的思想の問題である。そして、天皇が〝無能力〟でも存続し得ることをすでに証明した天皇制国家では、天皇の自己規定それ自体は、政治的にも思想的にも無意味だからである。

戦後、この問題の解明が奇妙な形で左右双方でタブーのような形になっているのは、一方が、この天皇思想を天皇個人と同一視してこれを糾弾《きゅうだん》すれば、また一方は、天皇の自己規定をもち出して応酬・弁護するという奇妙な形になっているからである。

だが私としては、天皇思想に関心はあっても、天皇個人の自己規定には関心をもち得ない。というのは、前述したように天皇個人がどのように自己規定しようとも、また大正天皇のように個人としては統治者として「無」に等しき存在であろうと、天皇思想はそれとは関係なく存在し、それが、明治期・大正期・昭和前期後期とさまざまに形を変え、表れ方を変えながらも、現実に日本を動かしている思想と行動の内実を構成するものの基本的な型《パターン》を構成し、かつ形成していたと思われ、解明すべきものはこの実体以外にないからである。

そして明治以降の天皇制で追究すべきものはこの点だけで、他に特徴といえるものはない。なぜなら、新しい政権が、何らかの形で自己の正統性を宇宙の始原にまで遡《さかのぼ》らせて歴史を再構成しようと、それを〝科学〟に準拠させようと、〝神話〟に準拠させようと、それ自体は別に珍しいことでなく、半神格化なら、現代も世界の多くの国でおこなわれており、これも特筆すべき現象とは思われない。

したがって問題は、以上の思想と現象との内容的特質のはずである。

日本を暴走させた「上からの改革」

現人神化を促した欧化主義

前述したように、近代の天皇制が、中国的儒教的な絶対主義を基にし、その絶対権威によって、明治憲法＝制限君主制に象徴される欧化主義を「上からの改革」として推し進めたことは、結局、抜き差しならぬ矛盾に逢着《ほうちゃく》せざるを得なかった。

この欧化主義自体が、欧化主義を推し進めている権威そのものを否定するからである。両者が、危ういバランスをかろうじてとっていたのが、大正七年から十年までの原敬《はらたかし》内閣のときであろう。そして原首相は、同年十一月四日、中岡艮一《なかおかこんいち》に暗殺された。これはいわば、大正・昭和期の「暗殺史」の幕開きといえる。

そしてこの暗殺ぐらい理由がわからないものはない。中岡には思想もなく、動機も不明で、背後組織もなく、もちろん明確な組織の指令といったものもない。ただ一つの理由は、中岡が、当時の新聞・雑誌の論調から、原敬を極悪人《ごくあくにん》の国賊《こくぞく》と信じ切っていたことである。

言うまでもなく新聞・雑誌の背後には、彼を暗殺へと走らせた一つの思想があるはずであり、そしてこの思想は、二・二六の将校とほぼ同一の基盤をもち、これが昭和初期から二十年まで日本を暴走させたデーモン・天皇尊崇↓現人神化の根底にあると私は考える。

当時の新聞・雑誌からのその思想の抽出過程は、非常に煩雑《はんざつ》かつ膨大なので本稿では省略し、一応、その思想を生み出した思考過程を要約するにとどめよう。

現在にも、新しい装いをもった同一の思想は基本的には存在する。したがってこれは過去の問題とはいえない。というのは、この思想は必ずしも実在の天皇を必要とせず、大正天皇のように天皇自身が実質的に「無」であろうと、またどのように自己規定しようと、それと関係なく存在するからである。したがって将来、日本に「天皇なき天皇制」が出現しても不思議ではないからである。

以上の関係は、欧化主義を進めれば進めるだけ、また西欧との接触によってその影響を受ければ受けるほど、天皇の権威を絶対化していかねばならないという矛盾をはらみ、したがって欧化の極限では、逆に天皇を現人神化しなければならなくなる。これが基本図式だが、問題は欧化主義そのものにもあった。

昭和期の天皇思想は、明治初期のそれと違って、形を変えた西欧的思考が大きな比重を占めてくる。現代に至るまで、多くの人は「西欧的＝合理的」「日本（儒教）的＝非合理的」という奇妙な迷信をもっている。

この見方はもちろん無根拠で、日本（儒教）的な合理性も存在すれば、西欧的な非合理性も存在する。人間が人間である以上、またそれが社会を構成する以上、ともに合理・非合理の両面をもつのが当然であろう。そして社会は常に合理性を要請する。

そこで儒教は非合理性を自己に還元して、これを内心の問題として解決することによって、合理的に社会を構成し運営しようとする。したがって儒教を体得した者が科挙《かきょ》（注：官吏登用のための資格試験）の試験を受け、これに受かれば士《し》大夫《たいふ》（注：官職にある者）となって統治の中枢となり、その基本には「修身斉家《せいか》（注：家庭をきちんとおさめる）」を置く。

一方、西欧は、非合理的な面を社会の一部に組織化し、いわば非合理性に社会的枠をはめて、その外で社会の合理的処理をおこなおうとする。いわば国家と教会の相互不干渉（信教の自由）、宗教的・民族的・国民的伝統と現実政治との実質的分断という形で合理性を実現しようとする。

「予算の議決権と執行権」さえ握れば、他はすべてどうであろうと、一向にかまわない、名目的には、国王の政府であろうと国王の軍隊であろうと、国王が国教会《アングリカンチャーチ》の宗教的首長であり、したがって外形的にはイギリスは、いまなお戦前の日本よりはるかに中世的で、サウジアラビアと同様、もっとも原始的な宗教首長支配の国であろうと、そういう非合理性には、逆に、一切タッチすべきでないとする考え方がそれであり、儒教圏と方向は違うが両者はともに、一つの合理性の追求と確立を目指している点では、同じであろう。

この二つの合理性が併存して、それぞれ正《プラス》の面を発揮すれば、それはもっとも合理的で統治しやすく、かつ急速な発展を約束された社会である。明治期と戦後期の急速な発展にはそれが見られる。

しかし、言うまでもなく、合理性と非合理性は固く結合しており、それは封建社会であれ、また資本主義社会であれ、社会主義社会であれ、変わりはない。

確かに人類は非合理性なき社会を夢み、今もある国がそうであると夢想したがる。しかし、その夢は当然のことながら常に裏切られた。またいずれの社会であれ、非合理性の〝攻撃〟にさらされており、それは常にさまざまな運動や事件として新聞紙上に報道されており、ソ連・中国とて、その例外ではない。

それらを思い合わせれば、儒教的合理性と西欧的合理性の併存は、明治と戦後の二つの激動を乗り切るにあたって、前述のように格好の武器であったろう。

ことにこれを体験した一定年齢以上の人に、天皇制への憧憬《しょうけい》と、ある時期の新中国への憧憬が、時には併存し、時には一方で他方を拒否するという形で存在しても、他国のこととして冷静な分析の対象とはなし得ない理由があると私は思う。

だが、この合理性はともに非合理性と裏腹の関係にある。西欧の場合は言うまでもなく伝統的な「殉教者自己同定《じゅんきょうしゃ》による、自己または特定集団の絶対化」であり、儒教の場合は「社会問題の自己同定化による内心の解決」と、その逆方向への発散である。

もちろん両者は、長らくの伝統により、それぞれ、それに対する一種の免疫と抵抗素をもち、またそれを消去する手段をもっていたが、しかし昭和初期の日本は（そしておそらく今の日本も）この二重の非合理性が累加《るいか》して弱点として露呈したとき、まったく、これに対する手段をもたず、哀れなほど無抵抗に瓦解《がかい》し、破滅したわけである。

日本的「知的テロ」

ではまず日本的な儒教的一面、「社会問題の自己同定化」からはじめよう。

非合理を自己のうちに還元してこれを内心の問題として解決する、という方法は、俗にいう「封建的」すなわち「忍従により家族的秩序↓内社会的秩序」を維持するという形、あるいは「詰め腹を切らされる」という形での、自己の内心における心理的解決による外社会的秩序の維持という形などにのみ表れるのではなく、社会問題を自己の内心の問題として、これが心理的に解決すると、客体として社会問題も解決したとみなして忘却してしまうという形にも表れる。

この傾向は戦後にも明確に存在し、たとえば沖縄問題を「沖縄の痛みをわが痛みとする」

という自己同定化で受けとるが、同時に、この問題を心理的に解決して〝痛み〟なるものが消えると（これは実際には痛くないのだからすぐ消える）、同時に客体としての沖縄問題も消えてしまうという形になる。したがって、この〝痛み〟は合理的解決に何ももたらさない。

青山学院大学元教授新見宏《しんみひろし》氏は、一九七一年、沖縄のために何かしようと考え、教職をなげうち、三年契約で、まったく軌道に乗っていない小さな女子短大を軌道に乗せるため、現地へ赴任《ふにん》した。

帰京されるたびによく話しあったが、氏が常に嘆かれたことは、あれほど「沖縄沖縄」といっていた人びとの無関心ぶりであった。

「内地の人は、沖縄のことはもう心理的には解決ずみなんですな。だからもう終わってるんでしょう。だから、何をいってもまったく無関心。しかし、現地では何ひとつ終わっていないんですよ」と。

もちろん真の中国的体制は、この非合理性を克服する方法を絶えず模索し、毛《もう》語録（注：毛沢東主席の著作から引用、編集された語録。中国文化大革命時代の、いわば〝聖典〟）の中にもそれがある。したがって毛語録には、日本人のこの傾向への直接的な批判と見得るものさえその中にある。

だが、日本はこの消去法をもたなかった。そしてそのことは、これの逆方向への爆発の存在が証明している。自己の内心で解決しない問題は、その人間にとって、一つの社会問題として実在してしまうのである。したがって、どうしても解決できない場合、これが一種の「知的テロ」へ、また時には本当のテロへと進む。

中岡艮一の原敬暗殺にも、いわゆる学生運動・大学騒動にもこれが見られ、二・二六事件にも明確にこの要素がある。そしてそれらの行動は、実際には、何ら合理性をもたないし、何一つ解決するはずもないのである。

第二は、西欧の伝統的な「殉教者自己同定」である。これは明治にはほとんど見られなかった傾向で、西欧的合理性の導入が、当然その非合理性も導入した結果と見るべきであろう。この傾向と、西欧と不可分のキリスト教的思考との関連を資料にもとづいて実証することは、紙面の都合で割愛するが、非常に興味深い問題である。

殉教者賛美、殉教者礼拝は、その最大の象徴である十字架と殉教者像への礼拝に象徴されるように、西欧一千数百年の基本的伝統だが、元来、日本には存在しない。

言うまでもなく、殉教者礼拝を公然とおこない得る社会は、すでにその面における殉教者が存在せず、逆に殉教者が一つの権威となっており、その者を殉教させた体制から解放されていることを証明している。

しかし、そうなってはこの自己同定は無意味になるから、この権威を自己に同定し、殉教者の権威を自己の権威として絶対化するには、虚構の〝現世牢獄《ろうごく》論〟を展開し、自分も民衆もその牢獄の中で殉教者同様の状態にあり、自分を苦しめているその勢力は、殉教者を殉教させた勢力と同じだと規定しなければならない。

ところがこう規定されると、殉教者が礼拝される社会では、殉教者と同定された彼に反対するものは一切「悪」であり、排除すべきものだということになるから、一切の批判・反論は不可能になり、そこで彼は、反対者に対して「異端宣告」という「知的テロ」をおこない、現実のテロ「異端審問・処刑」へと進む。以上がいわばこの基本的図式である。

心理的解決としての〝終戦〟

これが西欧における伝統的な非合理性の集約的なあらわれ方であり、いわゆる〝合理的〟な西欧で、外形は変わっても常に存在し、かつ問題になっていることは、G・シュフェール(注：フランスのジャーナリスト)『長椅子の知識人たち』についての林三郎氏(注：毎日新聞編集顧問等を歴任したジャーナリスト)の紹介にもそのまま表れている。

氏は「殉教者自己同定」という言葉は使われていないが、「知識人党」の名で紹介されているその内容は、まさに同じものといわねばならない。

次にその一部を引用させていただく(「月曜評論」一九五号　カッコ内は筆者)。

この『知識人党』が平和に生活できるのは、武装しているからだが、民主主義国でも全体主義国でも、知識人の武器はモラルである。モラルはそれ自身が批判であるから、批判の対象にはならない。もっとも、全体主義国における知識人はプリンスの意思《いし》の前に頭を下げることを拒否し、牢獄や死を賭《か》ける（すなわち殉教をかける）。

一方、自由な民主主義国では彼らのモラルは猿まね、あるいは顔つきだけだ。ロシアの抗議者は自己の存在を賭けるが、民主主義国の抗議者は、光輝ある衣裳をまとうために、前者の威信を利用しようと試みるだけのことだ。前者は（殉教の）恐怖の中に生き、後者は自分らが、それを非難する贅沢《ぜいたく》を持つところの政治的習慣によって保護され、快適に生活する。

このシステムは絶妙に機能し、使命感を帯びさせる。彼らは代理によって英雄になる。北ベトナム支援のデモや署名によって、ジャングルで戦う無名の人びとと自らを同一化する（すなわち殉教者自己同定）。同一化が全面的であるためには、（殉教者への）死刑執行人の目が光ることが必要なのだが、民主主義国には、そんな者はいない。だから彼らは、自分が喜劇役者であることを認めるか、それとも（いまにも殉教する）全体主義世界に生きていると信じる（かつ信じさせる）かのどちらかだが、知識人は、むろん、後者を選び、自分を迫害の中に生きる英雄に祭り上げる（すなわち殉教者自己同定）。この時から、彼らは正当化され、同時に、無限の自由を得るのだ……」。

「なおシュフェール氏は、これら『知識人党』による『知的テロリスム』（伝統的表現を使えば西欧の『異端宣告』であろう）をも論じている。

『テロリスムとは何か。自分らの理念を、信仰を、他人に押しつけ、自らの行動を周辺の人に押しつけることを許すところの物理的、知的手段一切をひっくるめたもの』と著者は規定し、『知的テロリスム』の方法を具体的に説明している……」

この問題は、もちろん現代の日本にも存在する。いわば「正義の側に立つ被害者（殉教者）との自己同定」すなわち「殺される側に立つ」論理であろう。

前に本多勝一《ほんだかついち》記者（注：当時、朝日新聞記者）への心酔者、俗にいう「本多教徒」からだいぶ脅迫状（一種の知的テロであろう）をもらったが、その心的態度の基本にあるものは、ほぼシュフェール氏が説くものと同じであり、その「殉教者自己同定」という西欧の伝統的な非合理性が、わが国にも完全に根づいていることを示している。

後述する「軍刀の知識人」のこの行き方に苦しめられた経験をもつ一定年齢以上の人に、いわゆる「本多教徒」への嫌悪感《けんおかん》はあるであろう。

だが、西欧がこれに対する非常に強い免疫性と拒否反応をもつ（前述のような著書が出、ル・フィガロ紙がほぼ一ページを割《さ》いてそれを紹介したのも、その一例であろう）のに比べれば、日本はそれが皆無《かいむ》に近く、特に戦前は皆無であり、この非合理が絶対の権力を握ってしまうと、これに対してどう対応すべきか、方法を失ってしまう。

これは現在でも同じで、まだその方法論さえ確立していないのが実情だが、戦前は文字通り決定的であった。

そして昭和初期には、これがさらに決定的であり、この西欧の非合理性と日本的儒教のもつ前述の非合理性が結びつくと、その〝知識人党〟に対して、誰も対抗する手段をもたなかった。

これが明治の正《プラス》の面がすべて負《マイナス》に出てきたと記した理由である。そして今の多くの人が天皇制の害悪を説くものの実体は、実はこれなのだが、紙数がないのでその表れを図式化して本稿を終わることにしよう。

もちろん、儒教的非合理性もこれと結びついて、強固に存続しつづけた。皮肉なことに日本に安穏《あんのん》な〝終戦〟をもたらしたのは、日本的儒教的規範すなわち、一切の問題を自己の内心の問題として心理的に解決する方向、「耐え難きを耐え、忍び難きを忍び」であった。

それでおさまった以上、この規範も強力に生きていたこと、またその逆方向、内心で解決できないことを、社会へと爆発することも生きていたことを示している。と同時に、日本的殉教者へ自己同定、それによる〝免罪符《めんざいふ》〟と絶対権の獲得も生きていた。戦後わずか五ヵ月めの「野坂参三《のさかさんぞう》（注：共産党の政治家）帰国歓迎国民大会」の熱狂ぶりがそれを示している。

そしてこの図式は、〝役者〟を替えれば昭和の初めにそのまま当てはまり、今も、これに当てはまるさまざまな事象がある。

では次に、以上がどのような形で天皇と結びついたかを、主として二・二六事件を例にとって考えてみよう。

「見えざる牢獄」の中の天皇⁉

右翼・青年将校と知識人党

「殉教者自己同定による絶対権の獲得」には三つの前提がいる。㈠殉教者の存在　㈡被害者（殉教者の側に立つゆえの）という自己規定　㈢〝見えざる牢獄〟論――その〝牢卒＝加害者〟の責任追及である。

そして昭和初期の右翼・青年将校は、この三つをことごとくもっていた。いわば当時の〝知識人党〟だったわけである。

まず、㈡からはじめよう。〝軍は加害者〟は戦後の通説であるから、彼らが強烈な被害者意識をもっていたとは、今では信じがたいであろう。

しかし私が入隊した昭和十七年、いわば〝勝った勝った〟の絶頂期ですら、彼らは被害者意識のかたまりであった。まず、前に述べた軍縮による四個師団廃止である。

彼らはこれを外圧と受けとっていた。事実、円切り上げのときと同じように、当時は政府もマスコミもこれを外圧としているから、そう受けとった責任は、必ずしも彼らにはない。

現実問題としては、軍縮は軍人への〝首切り〟、師団駐留地の〝基地経済の崩壊〟を意味するから、現在における「国鉄の人員整理」よりはるかに難問であったろう。

幕末以来、こういう問題はすべて外圧として処理され、「耐え難きを耐え、忍び難きを忍ぶ」という「内心の解決」にその最終的解決を求めたのは、伝統的に今も通用する当然の処置といわねばならぬ。

だがこれは〝「堕落政治家と軟弱外交のため、戦わずして四個師団が殲滅《せんめつ》された」。そのため軍は不当な犠牲を常に強《し》いられてきた〟という強烈な被害者意識となり、昭和十七年当時ですら、いわば一種の「軍隊内常識」であった。

したがって彼らは、すべての責任をこの点に転嫁し、日華事変（注：日中戦争）でもノモンハン事件でも、その失態はすべて「政治家が悪い」のであって、軍の責任ではない、という自己正当化に生きてきた。

同時にこれは国軍を統率する天皇が〝股肱《ここう》（注：忠臣）〟を失ったことであり、したがって、天皇こそ最大の被害者と規定された。彼らは自らを被害者とし、かつ被害者＝天皇の側に立ったわけである。

次に㈠と㈢だが、まず維新の志士を殉教者に見立て、これと自己を同定化するとともに「〝皇室＝見えざる牢獄〟論」いわば「天皇囚人論」をとり、同時に全日本人が〝見えざる牢獄〟にあると規定した。

この間の彼らの考え方がもっとも的確に表れているのが、二・二六事件の将校の言動である。もちろん彼らには、明確な思想は何ひとつなく、また政権を自ら奪取する考えも、具体的な将来への構想もない。否、それどころか、政治に関与する者、また政党に属する者ないしは政権獲得を目指す者を、徹底的に蔑視していた。

おもしろいことにこの態度と状態は、前述の林三郎氏の「知識人党」の規定にぴたりと当てはまるから、次に引用させていただく。

知識人党は思想的には内容皆無に等しく「……自然発生主義者、社会主義者、反共産党主義者（新左翼?）、構造論者、生態学者等々の混合で、カクテルどころか、スープの混ぜ合せで、味もソッけもない……生態学のテーマはルッソーばりで保守的、自然発生的革命論は古い物置小屋で見つけた十九世紀の遺物、でなければ完全な現実と古典政治の結合にナイーブな解釈を加えたもの……」。

そして「この『知識人党』と政党との相違は次のとおりである。政党は自分の行為に責任を持たなければならないが、『知識人党』は決してそれを持たない。前者は権力を得ることも失うこともあるが、後者は絶えずそれを維持し、拡大してゆく。前者は世論に依存しなければならないが、後者は世論や政党についての審判から出発することによって権威の座についているのだから強い」と。

戦後が出発したところ

この文の彼らの〝思想〟のところを「古事記・万葉への幼稚かつ奇妙な解釈、古びた尊皇思想と社会主義とのナイーブな結びつき、十九世紀の遺物である西欧軍国主義の銃剣絶対と日本的農本主義の結合等々」と変えれば、それは中岡艮一以下二・二六事件の将校——否、彼らだけでなく私の接したすべての青年将校——までそのまま当てはまる。

彼らの殉教者＝維新の志士への自己同定は、自らの行為を昭和維新と称し、部隊を離れて横に連結することを「脱藩」と称したことにも表れている。

しかし、維新はすでに終わり、どこにも安政の大獄《たいごく》（注：幕末に大老・井伊直弼《いいなおすけ》が尊王攘夷《じょうい》派の志士などに対しておこなった弾圧）はないから、彼らがいかに尊皇を叫んで殉教者自己同定をおこなおうと、「死刑執行人の目が光る」はずはない。そこで「喜劇役者であることを認める」ことを拒否するなら、尊皇思想が弾圧された幕末に生きていると信じなければならない。

確かに維新以前には、朱子学的思想からすれば、天皇は京都の「見えざる牢獄」におり、これを〝解放〟して政権の座にすえることが彼らの目的であったろう。

だが、昭和の時点では、天皇は立憲君主制の統治者であり、牢獄にいるわけではない。否、それだけでなく、彼らの指揮官である。しかしそう規定したのでは、彼らは喜劇役者になり、殉教者自己同定は成り立たない。したがって、お定まりの通り昭和の天皇も同様に牢獄にあり、そのため、全日本人が牢獄にあると規定せざるを得ない。

このことは、二・二六事件の実質的な首謀者磯部《いそべ》浅一《あさいち》の遺書にはっきりと表れている。彼は、天皇が〝牢獄〟の中にいながら、愚かにもそれに気づかない。おそらく、天皇の周囲の獄卒たちを殺して「その返り血をあびねば」自らが牢獄の中にあることを自覚できないであろう、といっている。

そして天皇さえ牢獄にいるのだから全日本人は、牢獄の中にいる。軍はその最大の被害者である。だが民衆は愚かにもその牢獄を自覚しない――これが、彼らの愛唱歌『昭和維新の歌』の一節「盲《めしい》たる民《たみ》、世におどる」の意味である。

この「民衆は盲目である、したがって彼らを覚醒させねばならぬ」という奇妙な使命感は、青年将校のほぼ全員がもっていた。それはしばしば入営者を見送る家族への激烈な演説になって表れている。

だがその内容は、新左翼の演説同様、聞く者には一向に通じないのが通常であった。この例は、二・二六事件の直前にもある。

だが以上の彼らの規定に一つの論拠があったことは否定できない。尊皇思想からすれば、立憲君主制は天皇への一つの〝牢獄〟と規定し得る。したがって明治憲法にもとづくその権限を行使しているものは、すべて〝獄卒〟となるであろう。

これが二・二六事件の標語が「尊皇討奸《とうかん》」であり、君側《くんそく》の奸（注：君主のそばにいる悪賢《わるがしこ》い臣下・政治家）すなわち〝獄卒〟を排除して、〝見えざる牢獄〟から天皇を救出するという発想が出てくるわけである。したがって、その基本にあるものはやはり、最初述べた出発点の矛盾である。

そしてここに、尊皇思想にもとづく天皇の絶対化によって強力に西欧化を推し進め「制限君主国」となった近代日本の内包する矛盾が、その西欧化にもとづく西欧の非合理性の援用による〝非合理性の攻撃〟を受け、それへの対抗手段が見つからぬままに瓦解した理由がある。

チャーチルのような発想は、この二重の非合理性の前には所詮《しょせん》不可能であった。そしてこれを最終的に収拾したものが、皮肉なことにもっとも伝統的といえる「あらゆる問題を自己の内心の問題として処理すること」によって回復した「合理性」だったわけである。そして戦後は、この合理性から出発している。

以上は天皇制のほんの一端に触れたにすぎず、西欧の終末論の変形の影響にも触れねばならないが、ここに露呈された諸問題だけでも、それはおそらく、外国の王制がもつ諸問題とはまったく別のものであり、ここに、天皇制の特質があるとともに、解決しておかねば、将来ふたたび同じ瓦解を迎え得る弱点を内包していると思われる。

そしてそれはすでに、現在さまざまの面で露呈しているであろう。

第六章　正統と理想が問われた大変革から何がわかるか

時代を動かした思想

西郷伝説が生まれる理由

明治というのは革命としますと、実に大きな変革をした革命です。革命という以上、何らかの思想があって不思議ではないのですが、実際に明治維新を担《にな》った人たち、西郷隆盛《さいごうたかもり》とか大久保利通《おおくぼとしみち》とか木戸孝允《きどたかよし》という人たちがどんな思想をもっていたかというと、非常にわかりにくいのです。

と申しますのは、彼らはみんな実行家でして、自らの思想を著作したわけではない。ですから、調べようと思うと実にむずかしくなります。しかし、あれだけの大きな変革を思想なしでできるということはまったく考えられないのであって、何らかの思想はもっていたのだろう。これはいったいどういう思想であろうか。そこらへんを探究してみたいと思います。

その中で多少書いたものが残っているのは西郷隆盛で、『西郷南洲遺訓《なんしゅう》』（岩波文庫）というのがあります。これは西郷の書いたほとんど唯一のものです。このほかに『西郷全集』という薄い本が一冊ありますが、これはほとんど手紙、その他でして、実に簡単な手紙を書いている。それしか残っておりません。こういう人たちはみんな実行家なので、自分の思想はこうであるということをいっていないわけです。

ただ、この『西郷南洲遺訓』はある程度彼の思想を探る手立てになる。しかし、これに問題があるとしますと、西郷が自分で書いたのではなく、庄内藩《しょうないはん》（注：山形県鶴岡市）の西郷ファンが行って、彼と話をしながら彼のいったことを書きとめた。なぜ庄内藩の人が行ったのかといいますと、庄内藩と薩摩藩《さつまはん》というのは仇敵《きゅうてき》の間柄でして、薩摩屋敷の焼き討ちをやったのは庄内藩です。

東北六藩同盟の中で最後まで降伏しない。最後にとうとう降伏したわけですが、そのときにやってきた西郷が非常に紳士的であった。それで、逆にたいへんな西郷ファンができ、西《せい》南《なん》戦争（注：明治十年、西郷らが鹿児島で起こした反乱）のときにわざわざ馳《は》せ参じた人がいっぱいいるわけです。それをみんな西郷は諭《さと》して帰したのですが、その前に彼のところに行っていろいろと聞いた。それを筆記したのが『西郷南洲遺訓』です。

多少問題があると申しましたのは、庄内藩の侍《さむらい》たちが非常に共感した部分だけを書いたのではないかということは、当然考えられることです。おもしろいことに、この『西郷南洲遺訓』には天皇という言葉が一言も出てきません。

もう一つ資料となるのは、西郷がいつももっていた『西郷南洲手抄言志録《てしょうげんしろく》』という薄いノートです。これは幕末の佐藤一斎《さとういっさい》（注：江戸時代後期の儒学者《じゅがくしゃ》）という人が書いた『言志四録《げんししろく》』の中から、彼が自分の座右の銘として一〇一ヵ条を抜き出して、年中これによって決断をしていたというものです。この二つが直接的な資料になります。

西郷隆盛は何回もテレビドラマとか小説の主人公になる人で、そういう要素を備えている。明治二十四年（一八九一年）にロシアの皇太子が来て大津《おおつ》事件（注：訪日中のロシア帝国皇太子暗殺未遂事件）が起こりますが、このときに「西郷隆盛の生死について」ということで、「東京日日新聞」（現「毎日新聞」。四月五日付）におもしろい記事があります。

「西郷隆盛翁は十年の役《えき》（注：西南戦争）に戦死せずして露国に遁《のが》れ、今度露国皇太子殿下の一行と共に帰朝する旨《むね》の風聞、続々各新聞紙上に現れ、甲伝え乙伝えて、果てはその生死に就《つ》き賭する者さえ出《い》ずるに至れるが……」という記述があります。

彼は十年の役で死んだ、しかし、十四年後になっても、実は生きているんだという説があるということです。こういう説はそれ以後も何回も蒸し返されている。これはそれだけ彼は人気があったということです。

当時の「日本新聞（注：日刊新聞「日本《にっぽん》」のこと）」にも、「西郷翁帰国の風説に就《つい》て怪《あや》しむべきは……」という記事がありまして、こういう風説が絶えず出てくるわけです。これはやはり、そういう伝説が生じやすい人で、それはそれなりの理由があったわけですが、それだけに今、西郷についていろいろ書かれていることがどこまで事実かというと、たいへん疑問を感ずる点が多いわけです。

ですから、今日は直接的資料だけにより、彼がどういうことを考えていたか。これが明治維新にどういう関係があったのか。この二つをお話ししたいと思います。

明治維新は朱子学革命からはじまる

彼が書いた『西郷南洲遺訓』のほかに、彼についてちょっとした同時代の記録が少し残っております。こういうものを見ますと、西郷という人はなるほどこういう人だったのかという感じがしますが、たいへん不思議な点もあります。

それは、彼は決して新しいタイプの人間ではない。見ていきますと、徳川時代そのままです。徳川時代の倫理的規範《きはん》をそのままもっている人です。ですから、彼は城山《しろやま》で亡くなってむしろよかったのではないかという気がする部分もあります。ここに一つ、明治維新の大きな問題点があります。

明治維新というのは、決してヨーロッパの思想の影響を受けて出てきたわけではない。その影響というのは、西郷などにもはっきり出てきますが、徳川時代の朱子学《しゅしがく》です。ですから、あれは朱子学革命からはじまっているわけです。

それが明治四年ごろに西欧の思想や制度を輸入するという方向に変わってきます。西郷は頑《がん》として変わらなかった。昔のままであったから、どうにもならなくなったと見ていいだろうと思います。

西郷隆盛に関する逸話《いつわ》があります。

「文政《ぶんせい》十年（一八二八年）十二月七日、鹿児島城下加治屋町《かじやまち》邸に生《うま》る」

この加治屋町邸というのは甲突川《こうつきがわ》の東にあり、大久保利通もそこで生まれており、幼少時から非常に仲のいい友達であります。征韓論《せいかんろん》（注：武力をもって朝鮮を懲《こ》らしめようとする主張）までは二人は全然変わらずに、絶えず相連携していた。

大久保のことを西郷にずいぶん中傷する人間がいても、絶対それを信用しなかった。中国に管鮑《かんぽう》の交《まじ》わり（注：お互いに理解し、信頼しあった関係）というのがありますが、これとよく似ている点があります。彼が何をやろうと、彼は間違ったことをしないと二人で信じあっているというところがあります。こういう点で、まことに儒教的《じゅきょうてき》という言い方、考え方が出てきます。

「嘉永《かえい》五年（一八五二年）、二十六歳、九月、父を喪《うしな》い、十一月、母に訣《わか》る。弟妹六人あり。次弟吉次郎《きちじろう》、すでに長ずるも、中弟信吾《しんご》（後の西郷従道《つぐみち》）わずかに十歳、末弟小兵衛《こへえ》は七歳にすぎず、家計すこぶる困難なり。吉次郎、性明敏にして家業に励み、よく家道（注：家計）の苦を支えて、翁に内顧《ないこ》の憂《うれい》なく、いでて国事に奔走せしむ。翁また尤《もっと》も吉次郎に信頼し、かつて曰《い》う。兄弟は先に生れたるを兄として尊敬し、後に生れたるを弟として愛憐《あいれん》するを世の常とす。これは兄が先に生れて世事に通ずること弟に優《まさ》るためなり。されど、今吾《われ》の身を省《かえり》みるに、性質愚鈍にて、諸事かえって汝《なんじ》に及ばず。今よりは汝をもって兄とせむ」

こういうおもしろいことをいったという記録があります。これは西郷の考え方で、彼は日本で初めての陸軍大将になりますけれども、故郷に帰ると、あくまでも家族内の秩序の一員に戻ってしまう。これは戦前まである程度日本人に残っていた倫理観です。

家族および村落共同体の外でどのような地位についていても、家に帰ってくると、これは別である。父は父、兄は兄、弟は弟であって、そこでは陸軍大将も何も通用しない。これは墓参りなんかに行くときに必ず長幼《ちょうよう》の序でいくのがあたりまえで、おれは大将だから先に行くということはしない。これは徳川時代的な儒教的な規範です。

ところが、彼は弟をもって兄とするという言い方をしております。これは言うまでもなく、儒教のいちばん基本にある「五常（注：親《しん》・義・別・序・信の五つの道徳）」という考え方です。徳川時代ですと、これが絶対といわれるわけです。

社会的地位というものは一応社会の問題であって、血縁内の秩序とは関係がない。だから、息子がどんなに偉くなっても父親より偉いわけではない。血縁順位というものを非常に重んずるわけです。ですから、いちばん大事なのが父子の親《しん》です。第二が君臣の義、それから夫婦の別、長幼の序、朋友《ほうゆう》の信です。

絶対の規範

彼の生涯を見ていきますと、こういう儒教的規範が絶対です。ですから、三たび諫《いさ》めて聞からざればすなわち去るで、彼は征韓論のときでも、あくまでもそれを主張する。主張して、入れられなかったら、辞職してかまわない。

これは君臣の義のほうです。父子の親はそうではなくて、三たび諫めて聞からざれば泣きながらでもこれに従わなくてはいけない。これが絶対であります。彼を見ていきますと、これが絶対です。

長幼の序も当然絶対なのですが、自分にはその資格がないから、おまえの弟になるという言い方をしているわけです。ですから、家に帰ると、弟はまだ無冠の人間で、自分は陸軍大将であっても、それは関係がない。その場合、家に帰ったら、自分は兄だけれども、何もできないから、弟になるという言い方をしております。これは、彼の規範があくまでも儒教的で、決してヨーロッパ的とはいえない面があるわけです。

そして、いかなることがあっても、世の人に対して、自分は偉いわけではないとしている点では、彼の場合に実にはっきりしております。たとえば、藩内の政争のため、維新前に彼は何回も島流しにされております。

「翁、初め徳之島《とくのしま》に流さる。一老婆ありて、翁を説得して言う。遠島人は一度にて改心するものぞ、二度も三度も遠島せらるるを聞きし例《ためし》なし。そなたは二度の遠島と聞く、さても怠惰者《なまけもの》かな。とくと改心して、一日も早く赦免《しゃめん》せらるるようにせよと。翁は顔を赧《あか》らめ、その厚意を謝したり」

そんな無知なおばあさんが何をいっているんだというようなことは、彼は一言もいわない。

それから、これは征韓論に敗れて故郷に帰ってからです。

「翁の故山《こざん》（注：ふるさと）に帰臥《きが》するや、武村《たけむら》の私邸に入り、毎日耕耘《こううん》に従事し、自ら武《たけ》村吉《むらきち》と称す。一日糞桶《こやしおけ》を荷《にな》い行く。士人《しじん》某（注：教養と徳を備えた、ある人物）途上にて下駄の鼻緒を断《き》り、翁を呼びとめてこれを結《た》てしむ」

これは、自分の下駄の鼻緒が切れたので、それを差し出して、ひざまずいてこれを結《た》てろ（注：むすべ）といったわけです。

「翁唯々《いい》として命《めい》を奉ず。のち幾年、翁これを士人に語る。士人驚き謝す。翁は『益なきことを言いだせり、恕《ゆる》してくれよ』と一笑にふしたり」

そういうときでも絶対におれは西郷隆盛だぞということはいわない。こういうところの規範は非常にはっきりしております。社会的地位とか位とか、そういうものを一切問題にしなかった。

「正統」をめぐって

後進藩からの改革者

明治における革命が終わったときに、西郷は鹿児島に帰ってしまいます。彼は明治政府の顕官《けんかん》（注：高官）になる気は全然ないのです。戊辰《ぼしん》戦争（注：維新政府軍と旧幕府派との内戦）が終わりますと、おれの役目は済《す》んだといって彼は帰ってしまう。そして、明治三年（一八七〇年）の十二月まで約二ヵ年、彼は鹿児島にいます。これも一つのなぞなのですが、彼はまず鹿児島の改革からはじめるべきだと考えたのではないかと思われる点があります。

薩摩と長州という二つの藩が明治維新の主導権を握るわけですが、両方で非常に違ったところがあります。長州《ちょうしゅう》というのは先進藩に入るわけで、藩制の改革が非常に早い。藩を一元化して一つの経済単位にして、経済政策が実行できるというもっとも新しい体制をとっています。

ところが、薩摩はどうかと申しますと、その内部の体制はいちばん古い。古いわけですから、普通だったら力をもたないのですが、砂糖の専売でたいへんな経済力をもっていた。これは薩摩と長州の非常な違いです。つまり、当時の薩摩は経済力をもっていた。しかし、藩内の体制は昔のままだったというのは、いま産油国が石油が出るからたいへん富んでいるけれども、その国の体制は昔のままだというのとよく似た点があります。それをまず改革するのが西郷の目的だったらしいのです。

薩摩の行政区画はたいへん古く、徳川初期そのままです。城下と南海諸島は藩主の直轄《ちょっかつ》になっており、そのほかは約百二十の小さい領土に分割されます。大きいものは三万石《ごく》、小さいものは二千石で、それが島津一族とか、代々の家老という人たちの知行地《ちぎょうち》（注：藩士に対し年貢の徴収権を認めた土地）になっている。それから、直轄地には郷士《ごうし》がいる。郷士というのは武士だか農民だかわからない、自活武士みたいなものです。その上に藩から任命された地頭《じとう》がいて、これを統治する。こういう形態になっております。

徳川時代の初期に多くの藩が藩制改革をやりました。歴代の重臣といわれる人たち、それから一族の知行地への管轄権をほぼ剝奪《はくだつ》して、城下町に集めて禄米《ろくまい》を支給するという方法に切り替えています。これがいちばん早いのは加賀《かが》で、前田利常《まえだとしつね》がそれをやった。それで藩を一元化して、これを一つの経済単位として運営するという方法をとったわけです。

こういう点では薩摩は実はいちばん遅れていた。遅れていたがゆえに、実に侍の数が多かった。ということが、新政府への兵力拠出という点ではたいへん大きな後ろ楯《うしろだて》になったわけです。これが明治維新における薩摩と長州との大きな違いと同時に、両方の考え方の違いが出てくるもとです。

そのときに西郷は、この状態は改革しなくてはどうにもならないと思った。彼は明治がはじまってから藩制の改革をやっているわけです。ですから、非常に遅い。早い藩と比べると二百年ぐらい遅れている。そして、歴代の武士たちがもっていた統治権を全部取りあげる。ですから、直轄地もそういう人たちがもっていた領地も全部、地頭に統治される。そして、その禄高《ろくだか》に応じて地頭のもとに常備軍を編成させる。

その指揮権は地頭にあるのであって、伝統的な知行権をもっている武士にあるのではない。この地頭が軍事、警察、司法、行政一切を掌握《しょうあく》する。それが村役場をつくり、これを軍務方《かた》といって、すべてを戦時状態に置く。士族による軍制といったものを敷いたわけです。彼のこの改革により、非常に多くの軍隊を中央に差し出すことができた。そしてこの軍事力が廃《はい》藩《はん》置《ち》県《けん》をなしうる一つの後ろ楯になったわけです。

いちばん困難なことをひき受けて

西郷という人は非常に革命的なことを平気でズバズバやっているところがあります。いちばん困難なことはみんな彼がひき受けている。明治四年に新政府に呼び出されて参議《さんぎ》になります。

なぜ彼が呼び出されたか。廃藩置県を実施しなくてはならない。しかし、これが実施できるかできないか、誰にもわからない。なにしろ、諸侯の領土を取りあげるわけです。そして、武士階級の特権を否定するわけですから、彼らが一斉に反対をしたら、東京の新しい政府はどこかへ消えてしまう。このとき、後ろ楯として欲しかったのが西郷のもっている軍事力です。そのために彼をわざわざ呼び出したのです。

このときの会議の話を渋沢栄一《しぶさわえいいち》が書いておりますが、みんながいろいろな議論をしているのに、西郷は黙っていて何もいわない。意見を聞かれると、「まだ戦《いくさ》が足りのうごわす」というだけで何もいわない。

渋沢栄一が、あの人は変な人でそれしかいわない、何を考えているんだろうかとみんなに聞いたところ、あれは西郷の言い方で、こういう大革命をやるなら、戦争をするぐらいの決意をもってやらない限りできるわけない、いたずらに議論していてもだめだ、みんなが決断するかしないかだといっているんだ、というわけです。

西郷が来て初めて廃藩置県が実施できる。そして、近代日本の基礎ができるわけです。しかも、藩を全部なくしてしまうと同時に秩禄《ちつろく》処分（注：明治政府が俸禄《ほうろく》返還をすべての華族・士族に求めた処置）をやって、武士のもっていた特権を一瞬にして否定してしまう。約七百年間もっていた特権を一瞬にして否定してしまうわけですから、これはたいへんなことです。当時の記録を見ますと、ほんとうに悲惨という状態が出てきます。これをもっとも積極的にやったのは実は西郷なのですが、彼はそれによって職を失った士族に対して非常に同情をする。こういう点を見ていきますと、たいへん矛盾《むじゅん》しています。

さらに問題なのは、武士の特権を奪うと同時に、徴兵令を敷く。これはまったく西郷の独断みたいなところがありまして、ほかの人間がみんな外遊している留守に徴兵令を敷く。ですから、以後武士の特権は一切ないということを明示してしまうわけです。

それから見ますと、彼は士族階級の敵みたいなところがあるわけですが、それでいながら、士族階級の気の毒な状態に対していちばん同情的であって、なんとかしなくてはいけないという言い方が出てくるわけです。こういう点を見ていきますと、彼のやっていることは、一面において実に矛盾をしたところがありますが、そうならざるを得なかったのだろうと思います。

そして、それが終わるとやがて征韓論が起こってきまして、彼は薩摩に帰ってしまう。薩摩のこういった軍事力はそれ以後もありまして、中央政府の統治権が及ばない状態になります。

西郷の政治学

『西郷南洲遺訓』ができるのは明治三年ですから、彼が最初に薩摩に帰って藩制の改革をやっているときです。まだ西南戦争の前です。新政府はどうなるかわからない。自分ならこうしたいという意見を、彼はこの中で述べております。ここに彼が自ら語った思想が含まれていると思っていいでしょう。

「大政を為《な》すは天道を行う」

これは彼の政治学の基本になっています。今はこういう考え方はありませんが、これは典型的な儒教の考え方です。これは『論語』にも出てきます。もっとも徳の高い者が天子になる。そうすると、天の秩序がそのまま地上におこなわれる。ちょうど北極星のまわりに諸星が回るように、地上も正々たる政治体制ができる。これを徳治《とくち》と呼んだわけです。

これが政治の基本である。これが西郷が『西郷南洲遺訓』のなかで最初にいっている言葉です。これをもとに基本を立てねば、すべてはうまくいかないといっている。これは儒教的政治理念で、今でも日本人に相当強く残っています。

では、それはいったいどうしたらできるのか。天道通りにその秩序を地上に実現するのは、何をもととするか。そこに朱子（注：朱子学の創始者・朱熹《しゅき》）などから出てくる正統論という考え方があります。

正統なる支配者がいないと、それはできない。では、いったい正統とは何か。この点、彼の考え方は儒教と日本的伝統がある程度混ざりあっていると考えていいと思います。

これはあとにも西郷がたびたび述べていることですが、天道が大政であるためには、これのいちばん大本になっているのは正統である。では、いったい何をもって正統とするか。これがいわゆる正統論です。正統論というのはどの政治体制にもあるわけで、民主主義には民主主義の正統論があります。

たとえば軍事政権というのは、現実に政権を担当していても、それは正統と認めない。これは今われわれはごく平気でそういっているわけですが、なぜそれを正統と認めないのか。言うまでもなく、これは統治契約論という民主主義の理論で、主権が民にある。主権在民である。その国民から一定の手続き、契約によって権限を委任されたものが政権をとっていない限り、正統と認めない。これは今でもある正統論です。

これはもちろんヨーロッパで発生した正統論でして、そのために選挙がおこなわれる。同時に憲法がある。憲法は一種の統治権契約というわけです。これは、こういう権限を政府に賦与《ふよ》しますという、主権者国民と政府との間の契約書である。これがヨーロッパにおける基本的な考え方で、それにもとづいて委任を受けた。それが統治をする。これが民主主義におけるレジティマシー（注：正統）です。

もちろん、西郷にはそういう考え方はありません。では、何をもって天道が大政になるのか。正統なる者が政権をとることがまず第一の基本です。では、正統とは何か。彼の考え方は、この点、非常に朱子学的です。

明治維新は朱子学革命といってもいいわけですが、朱子に三原則というものがあります（注：53ページ参照）。これは、どういうものを正統としないかということです。では、何をもって正統としないか。たとえ政権をとっても、その人間を正統と認めないというのは、三つ原則があります。

まず「夷狄《いてき》（注：外国人）」です。これはあたりまえです。たとえば外国の占領軍が来て占領しても、それは正統なるものと認めない。

その次に「賊后《ぞくこう》」です。これは則天武后《そくてんぶこう》のことです。中国に一人しかない女の皇帝です。ですから、女性は認めないということです。これは中国的な考え方です。

その次が「簒臣《さんしん》」です。これがいちばん大きな問題になります。明治維新のいちばん基本的な考え方は、幕府はこの簒臣の政権だから正統な政権と認めないということです。

これはたいへん皮肉なことに、徳川幕府が朱子学を日本に入れたわけです。なぜ朱子学を入れたかといいますと、朱子のおもしろい特徴は、五常の第一と第二の二つを一つにしたということです。これはそれまでの儒教にはないことです。

すなわち「君父の讐《あだ》は倶《とも》に天を戴《いただ》かず」といって、君と父で君のほうを上にした。いわば朱子は君父という形で「父子の親」と「君臣の義」を一体化した。これはなぜかといいますと、中国は宋《そう》がいよいよ滅びようというときの危機ですから、父の命令を聞くから皇帝の命令を聞かない、三度諫《いさ》めて聞かれなければ辞表を出して帰ってしまうということが許されない。君父は同じものだという発想が出てくる。

これが日本に来たので、忠孝一致といった言葉が出てくる。これは朱子で初めて出てくるわけです。

ところが、戦国時代は主君と臣下の間が実際問題として君臣の間柄ではありません。実力のある者が天下をとっていいじゃないか、同時に実力がある者が藩をとっていいじゃないかということになると、秩序ができない。そこで、幕府は主君絶対という朱子学を統治思想として入れたわけです。

便宜《べんぎ》主義的にそういうものを入れますと、あとで困るわけで、それならいったい幕府はどうなのだ、あれは天皇家から武力で政権を簒奪したのではないか。これは簒臣に入るのであって正統性は認められない。たとえ、彼らが実質的に日本を統治していようと、その正統性は認めないという議論になってくるわけです。

ちょうど軍事政権の正統性が、いかに彼らがうまく統治していようと、これを認めないというのと似た発想が出てきます。これが実は明治維新のいちばん基本的な発想です。ですから、これはヨーロッパの影響を受けていないわけです。

朱子学から欧化主義への転換

切り替え派の出現

そこで、王政復古《おうせいふっこ》という言い方が当時出てきます。われわれでも外国へ行くと非常に困るのは、明治維新の維新という言葉は英語ではリストレーション（復古）になっている。明治復古になっているわけです。しかし、実際あれは王政復古という建前《たてまえ》ではじめたのですが、実質的に途中で別の発想に乗り換えてしまった。

これはだいたい大久保、木戸の二人が世界中を回ってきて、いまさら儒教的な大政で新しい国家ができるわけではない。そんなことではだめだというので、王政復古御一新《ごいっしん》というのを王政復古欧化一新に変えてしまう。これから全部ヨーロッパ式にやろうと切り替えるのが、だいたい明治五年です。

西郷という人はそれには絶対賛成できない。自分たちはそういうことで明治維新という革命戦争をはじめたわけではない。そうではなくて、この思想はあとあとまで続くのですが、いわゆる一君万民《いっくんばんみん》という形で、下の人間が全部平等である体制をつくりたいために革命をやったのであって、そんな方向に革命をやったわけではないというわけです。

これは、西郷と大久保たちとの基本的な違いになってきます。また、たいへん皮肉なことに、西郷のような考え方は昭和まで残ります。今も潜在しているかもしれません。二・二六事件の将校なんかの標語も一君万民です。

一君万民というのはどこから出てきたか。これもやはり中国です。天子というのは天から任命されていて、ほかは全部平等であって、差はない。では、統治者階級をどうやってつくるかといえば試験による。これは科挙《かきょ》という試験です。

中国人は全員この科挙の試験を受験する資格があるという点では全員平等という発想で中国という国ができたわけです。これが七世紀にはじまるのですから、当時としてはずいぶん進歩的な思想ですが、実はそれがうまくいかない。ほんとうの受験地獄になってしまうという問題点があったのですが、ある意味では立派な思想だったといっていいと思います。

ただ、今中国人にあれは立派だといいますと非常に怒る。陳舜臣《ちんしゅんしん》（注：台湾国籍ももつ作家）にあれはあれなりに立派じゃないかといったら、あんなものがなんで立派か、ああいうふうに全国民を受験勉強に駆り立てたものだから、独創的な発想は全部つぶしてしまって、中国を停滞させてしまったというわけです。つまり、物事にはすべて表と裏があるということです。

一君万民で、試験制度だけで統治者階級をつくる。これは世襲《せしゅう》はできない。息子だって試験に受からないとだめです。そういう点では確かに平等です。西郷が科挙まで実施する気があったかどうか、その点はわかりませんが、そういう思想が非常に強かった。その基本ができていないなら、あと何をやっても意味がない。今政府がやっていることは全部おかしいと、明治三年に庄内藩の侍にいうわけです。

「万民の上に位《くらい》する者、己《おのれ》を慎《つつし》み、品行を正しくし、驕奢《きょうしゃ》（注：おごりやぜいたく）を戒《いまし》め、節倹を勉《つと》め、職事に勤労して人民の標準となり、下民其《そ》の勤労を気の毒に思う様ならでは、政令は行われ難《がた》し」

これは科挙による士《し》大夫《たいふ》階級の理想化された像です。なんら特権はない。「礼は庶人にくだらず、刑は大夫にのぼせず」と「礼記《らいき》（注：儒教の五経の一つ）」に規定があるように、士大夫には法の保護はなく、政治的責任を問われたら自分の命を差し出さなければならない。その秩序には礼があるだけで庶民のように法があるわけではない、というのが科挙の特徴です。彼はこれを非常に理想化して、そういう人間が上に立っていなければ、政令はおこなわれがたしというわけです。

「然《しか》るに草創の始めに立ちながら、家屋を飾り、衣服を文《かざ》り、美妾を抱え、蓄財を謀《はか》りなば、維新の功業は遂げられ間《ま》敷也《じきなり》」

「戊辰の義戦も偏《ひと》えに私を営《いとな》みたる姿に成り行き、天下に対し戦死者に対して面目なきぞとて、頻《しき》りに涙を催《もよお》されける」

西郷は戊辰戦争を義戦（注：正義を守る戦い）と考え、正統なる政府をつくって、その下にすべての人間が平等で、そこから選ばれて政務に携《たずさ》わる者は、何の報酬もなくて、ああいうことをやっているのはお気の毒だと皆にいわれるような状態の政府をつくりたかった。ところが、今できているのは全然違うではないか。あれではあの戦争は義戦とはいえないし、戦死した人は非常に気の毒で面目ないというわけです。

政府は基本が違う？

西郷というのは理想論者です。また、彼はいうだけではなくて、自分はその通りにしている。くにへ帰れば農民と一緒に糞桶《こやしおけ》を担《かつ》いでいる。人に鼻緒を結ろ《たて》といわれれば、平気でひざまずいて鼻緒を結る。特権意識を故意に否定していった人です。そういう人から見ると、当時の東京の政府のやっていることはすべておかしい。基本が違うと見えるわけです。

「賢人百官を総《す》べ、政権一途《いっと》に帰し（注：一つにまとまり）、一格の国体定制（注：一つの格式あるまとまった政治形態）なければ、縦令《たとい》人材を登用し、言路《げんろ》（注：上に意見を述べる方法《みち》）を開き、衆説を容《い》るるとも、取捨方向なく、事業雑駁《ざっぱく》にして成功有《ある》べからず」

今いったような基本ができていないならば、すべてだめだ。

「広く各国の制度を採り開明に進まんとならば、先《ま》ず我国の本体を居《す》え風教を張り（注：徳による教化を盛んにし）、然《しか》して後徐《のちじず》かに彼《か》の長所を斟酌《しんしゃく》（注：くみとる）するものぞ。否《しか》らずして猥《みだ》りに彼《かれ》に倣《なら》いなば、国体は衰頽《すいたい》し、風教は萎靡《いび》して匡救《きょうきゅう》（注：悪を正し、危険を救う）すべからず。終《つい》に彼《か》の制を受くるに至らんとす」

この基本ができていなければ、外国の制度、その他を入れてもすべてだめになってしまう。

「人智を開発するとは、愛国忠孝の心を開くなり。国に尽くし家に勤むるの道明かならば、百般の事業は従って進歩すべし。或《あ》るいは耳目《じもく》を開発せんとて、電信を懸《か》け、鉄道を敷き、蒸気仕掛けの器械を造立《ぞうりゅう》し、人の耳目を聳動《しょうどう》（注：驚かせ動揺させる）すれども、何故《なにゆえ》電信鉄道の無《な》くては叶《かな》わぬぞ欠くべからざるものぞという処《ところ》に目を注《そそ》がず、猥《みだ》りに外国の盛大を羨《うらや》み、利害得失を論ぜず、家屋の構造より玩弄物《がんろうぶつ》（注：おもちゃ）に至るまで、一々外国を仰《あお》ぎ、奢侈《しゃし》（注：度が過ぎるぜいたく）の風を長じ、財用を浪費せば、国力疲弊《ひへい》し、人心浮薄に流れ、結局日本身代《しんだい》限り（注：破産）の外《ほか》ある間敷也」

こういう考え方を彼は述べております。これは儒教がしばしばいっている理想的な体制があるのでありまして、これは孟子《もうし》などにも出てきます。人によっては、諸侯も天子も全部耕せと、国民皆労働みたいな意見もあります。文化大革命のときに毛沢東《もうたくとう》がそういうことをいったのですが、あれは共産主義的というより、むしろ中国の非常に伝統的な考え方に絶えずあるわけです。徳川時代、その影響を受けた考え方は日本にもあります。

孟子はこれに多少反対します。全員が耕すことはない。それは各自分業がある。士大夫というのは統治に専念していれば立派な仕事だといっております。こういう全員労働論はたいへん中国にも根強かった。日本もその影響を受けた。西郷がいっているのもそのことです。

「政の大体は、文を興《おこ》し、武を振るい、農を励ますの三つにあり、其他百般の事務は皆此《こ》の三つの物を助くるの具なり。此の三つの物の中に於《おい》て、時に従い勢に因《よ》り、施行先後の順序はあれど、此の三つの物を後にして他を先にするは更に無《な》し」

これは重農主義者の言葉です。文というのは、この場合は政治です。武というのは軍隊です。あとは農、それだけあればいい。

挫折した西郷の理想

こういう思想は、思想的に見ますと非常に古いわけです。彼は当時も人気がありますし、今でも人気がありますし、伝説を生ずる人ですけれども、政治はどうあるべきかという考え方になりますと、たいへん思想は古い。徳川時代と変わらない。

「道は天地自然の道なるゆえ、講学《こうがく》の道は敬天愛人を目的とし、身を修するに克己《こっき》を以《もっ》て終始せよ。己れに克《か》つの極功《きょくごう》（注：究極の功夫＝工夫・方法）は『意なし、必なし、固なし、我なし』と云《い》えり」

これは孔子《こうし》がいった言葉で、修養して自分に勝つということが第一で、それが天地自然の道だ。それは意地を張らない、ものにこだわらない。頑固に物事を主張しない、我《が》を張らない。これは子《し》の四絶《しぜつ》といって孔子は絶えずこういう態度であったと『論語』子罕《しかん》第九に出てまいります。

「総じて人は己れに克つを以て成り、自ら愛するを以て敗るるぞ。能《よ》く古今の人物を見よ」

こういう一つの倫理的な規範は、常に儒教であって、決してヨーロッパ的な新しい思想ではない。これは彼の特徴です。

「道を行うには尊卑《そんぴ》貴《き》賤《せん》の差別なし。摘《つま》んで言えば、尭舜《ぎょうしゅん》（注：尭も舜もそれぞれ中国の伝説上の名君）は天下に王として万機の政事を執《と》り給《たま》えども、其《そ》の職とする所は教師なり」

尭舜というのは中国の理想的君主といわれていますが、たいへんおもしろい定義をしております。ですから、総理大臣というのは、倫理道徳の教師でなくてはいけない。とうてい芸者に指三本（注：かつて芸者に「月三十万円で愛人になれ」といった総理大臣がいた、というエピソード）なんてやってはいけないわけです。日本の道徳政治の伝統がそれを強く要求するというのは儒教的伝統でして、これは今でも相当強く残っております。

「孔夫子《ふうし》（注：夫子は〝先生〟の意。孔子への敬称）は魯国《ろこく》（注：中国の現在の山東省の一部。孔子の生国）を始め、何方《いずかた》へも（注：どこにも）用いられず、屢々困厄《しばしばこんやく》に逢い、匹夫《ひっぷ》（注：身分のいやしい男）にて世を終え給いしかども、三千の徒皆な道を行いしなり」

こういうふうに彼は儒教的な平等体制をつくろうと考えた。鹿児島で彼が実質的にやろうとしたことは、これになってくるわけです。その場合の一つの体制のリーダーとしては、旧士族階級を用いる。しかし、それは決して特権をもっていない。農民と同じように耕して、みんながあの人は気の毒だと思うような状態であらねばならない。これは彼の理想論です。

そういう社会をつくるつもりで彼は一心にやったのですが、明治政府は大きく転換をいたします。いわゆる欧化主義に入っていく。これは西郷にとって耐えられないものだっただろうと思います。

維新の思想はあるところまでは朱子学で、あるところから、急にヨーロッパに切り替える。この切り替え派のトップに立っているのが木戸孝允です。ここに、開明的だった長州と薩摩との違いという点も出てくるだろうと思います。

第七章　日本人の法意識から何が見えるか

法と宗教の歴史的関係

「憲法教」がある!?

日本における法の考え方、法意識、これにどういう特徴があるか、といったことを考えたのは、「中央公論」の一九八一年二月号で、上智大学のトマス・インモースというカトリックの東洋宗教研究所長と小室直樹《こむろなおき》さんと私とで、創価学会の問題を討議したとき、法と宗教の関係が問題になり、どうも日本人の法という考え方はおかしいんじゃないかということが話題になりました。それが一つの契機になって、われわれは法をどう意識しているか、そのことについて、少しお話ししたいと思います。

あのとき、創価学会問題で私が取りあげたのは、「国立戒壇《こくりつかいだん》」という創価学会の教義が憲法に違反するというわけで、たいへんマスコミにたたかれ、その教義を撤回したのかしないのか、はっきりしないのですが、あやふやにした。こういう事件があるわけです。

これはたいへんおかしいのでありまして、もしもおまえの宗教の教義が、憲法に違反するから撤回せよといわれるならば、信教の自由はなくなる。この場合、憲法と宗教上の教義、いわば法と教義を、日本人がどう考えているのか。

これはトマス・インモースさんも、そのとき問題にしておられたのですが、カトリックの教義が日本国憲法に反する、こういわれたら、信教の自由はなくなってしまう。とすると、そういう発想自体が、むしろ憲法に違反しているといえるんじゃないか。

次に公明党は、宗教政党であるから、という批判が出た。そのときに、宗教政党であってなぜ悪いといわないのか。なぜかといえば、憲法は結社の自由を保障しているはず。宗教政党であれ、非宗教政党であれ、結社の自由はあるはずだ。それを憲法にもとづいて否定するとなると、日本における法と宗教の関係は、非常に奇妙なことになってくる。

これは憲法が宗教のように機能しているのではないか。悪くいうと、憲法教という宗教があって、教義論争のようになってくるんじゃないか。これはわれわれの世界において、法と宗教上の教義、この関係をどうとらえるかが、まことにあやふやだ、という点から起きている問題ではないか。そういうことがいろいろと問題になったわけです。

ここでいろいろ考えまして、いちばん古い宗教法の世界へ戻ってみたらどうか。次にどこから世俗法《せぞくほう》（注：人間社会についての法）という概念が出てきたのか考えてみたらどうかと思ったわけです。ところが日本には元来、宗教法という概念がありませんので、それに対応している明確な世俗法という概念もないんではないか。いちばん古い時代はどこの国でも宗教法ないしは宗教法的なのですが、日本はこの点、非常に不思議な国です。

この点を明確にするため、典型的な宗教法国家というものを見ていきますと、なるほど昔の法はこういうものであったのか、ということがよくわかるのです。

いちばん古い「宗教法」

現在の世界で宗教法体制を完全にとっているのは、サウジアラビアとアフガニスタンです。イスラムは大体、宗教法体制をとっているといっても、西欧的な世俗法が相当に入ってきている。この中で、あくまでも宗教法だけでやっているのは、サウジアラビアですから、法における、特にセム族（注：ヘブライ語などセム系の言語を使う人びと）の法におけるいちばん古い形態は、サウジアラビアを見るとよくわかるのです。

たいへんおもしろい例がありまして、ジッダ（注：サウジアラビア西部の大都市）にイギリスが経営している病院があった。ところが、そこに入院している妊婦の胎児が死んでしまった。急いで開腹手術をしないと、母親も死んでしまう。この場合、手術すべきか、手術すべきでないか、誰が決めるかというと、医者ではなく、カーディーなんです。

カーディーというのは、日本にちょっとない概念ですが、宗教法判事、ないしは宗教法法律家と訳せばいいと思います。これは民間における宗教法指導者であると同時に、裁判官の資格をもっている。今はカーディーになるための学校がありますけれど、昔はカーディーのところに弟子に入って、スンナを学ぶ。スンナというのは伝承ですが、コーランはもちろん暗記して、そのほかにスンナという伝承を学ぶ。それによってカーディーになったわけです。

胎児が死んだときも、医師がカーディーに、手術していいかどうか聞きにいったわけです。そうすると、カーディーがしばらく瞑想《めいそう》にふけっていて、よろしい、といった。よろしいといわれたから、急いで手術したわけですが、手術したあとで、そのイギリス人医師が、あなたはいったい何にもとづいてよろしいといったのか、と聞いたところ、彼は、実はスンナに次のような話があるといいました。

スンナというのは、マホメット（注：イスラム教の開祖ムハンマド）に関する伝承で、マホメットは、こういう場合にこういう判断を下した、こういう場合にこういう裁定を下した、という伝承の集録です。

これは宗教史的にはいろいろ説がありまして、マホメットということになっておりますが、必ずしもそうではなくて、セム族のいちばん古い、古典的な法の集成である。こういわれております。

このときに、彼がどういう話をしたかといいますと、かつて砂漠を歩いている旅人が死にそうになった。ところが、そこに死んでいる人間を見つけた。それが水をもっていた。だからその水をとって、着物をはぎとって、その着物を着て、靴をはいて、水を飲むことによって、靴《くつ》をはぎとって、自分が生きて砂漠から帰ってきた。

ところが死人のものをはぎとった、ということで、良心の痛みを感じて、マホメットに相談したところ、死んだ人間からとって生きている人間が生きていることは少しも悪くはない。そういう判断を下した。これがスンナです。

このスンナから、そのカーディーは、胎児はすでに死んでいる。胎児は母親をまとっているに等しい。だから死んだ胎児から母親をはぎとって、それによって母親が生きることは少しも悪くない。こう判断を下した。ですから、この場合、開腹手術をしてよろしいとなるわけです。

このとき、その医師はたいへん驚きました。なんという未開なことをやっているんだろう、と思ったそうですが、あとからイギリスの法律家にその話をした。そのときに、その法律家が、いやイギリスだって現実にそれと少しも変わりはないといいました。

それはある意味において、マホメットが下した判例です。その判例から類推して一般原則をひき出してくる。その一般原則を次の同じようなケースに当てはめて判断を下す。イギリスは判例の国ですから、われわれがやっていることと原則的に違わないといった。それから興味をもって、その裁判の構成その他を調べていったところが、違っている点は確かにあるのですが、また実に現代の裁判と似ている点がある。これを発見した、という記事です。私は、これを読んだときに、初めて旧約聖書の最初の五書、創世記、出《しゅつ》エジプト記、レビ記、民数記《みんすうき》、申命記《しんめいき》、この五つの章をトーラーというわけがわかりました。トーラーは、律法と訳されています。これは中国語の訳ですが、これは確かに罪刑法定主義の法律ではない。戒律も入っているという意味で、律法と訳していいかと思うのです。ところが、なぜこれがトーラーといわれるのか、われわれにはなかなか、わからないわけです。

たとえば、アダムが眠っている間に、そのあばら骨の一本をとってイブをつくったという話が、なぜ法であるのか。同じように、この場合にこうした、あの場合にこうしたという、さまざまな伝承がいっぱい集まっている。これがどうして法律であるのか、現代人には実際わからない。

そのため最初の五書は法律書であるというと、たいてい変な顔をするんです。これがイスラム教でいえばスンナなんでありまして、これから一般的な原則をひき出してきて、それを別なケースに当てはめていって判断を下す。すなわち、これが宗教法であり、人間の社会の法のいちばん古い形態なんです。

多数決以外に法の解釈はなし得ない

後に、ユダヤ教の場合は、ミドラシュというトーラーへの注解書が出てくる。すなわち、そういったさまざまな伝承をどう現実問題の判断のもとにしたかが注として記される、という方法がとられてくるのです。このミドラシュは二つに分かれ、一つがハラハーというんですが、これは通常法規と訳しております。いわゆる法規的な注解、もう一つはハガダーといって、これは解説するとか、教えるという意味ですが、これを教義的注解と普通訳しておりまして、ここでいちばん基本であった宗教と法とが合体したようなものが法と宗教的教義に分かれていくわけです。

これは人類における法と宗教との関係のいちばん古いところです。この法的部分を集録しましたものがミシュナといわれるわけです。

ミシュナとは、くり返すという意味でして、くり返し伝承されてきたものを集録した。この集録は紀元二二〇年ごろおこなわれております。これは、われわれのように新約聖書を研究する場合には、いちばん貴重な史料ですが、このミシュナの影響をイスラムはたいへん強く受けた。それがスンナとその類推法（注：マホメットの判例や範例から類推してひき出された法）のキャースという形で現代も続いている。いわば法律のいちばん古い形態がまだ残っているという形になっているわけです。

同時に、たいへんおもしろいのですが、教義に関する限り、啓示はあり得る。ただし法規に関する限り、啓示はあり得ないという原則が、紀元二二〇年くらいにすでに確立しているのです。

これはラビ・エリエゼル・ベン・トルタ（注：ラビはイスラム教におけるカーディーのような宗教法指導者）の話という、たいへんおもしろい話に出てきます。宗教法の場合は、解釈権を誰がもつか。これはいちばん大きな問題になってくるのです。イスラムですとカーディーが解釈権をもっているわけですが、一つのスンナを解釈して、どういう法的原則をひき出してくるか。これは確かに、実質的な立法と同じ行為になってくるので、解釈は大きな問題です。

ユダヤ教の場合、紀元二二〇年ごろですと、ラビ会議があり、解釈の決定は多数決のみによる。ですから、あるミシュナにある解釈をする。その解釈をその会議に提出し、多数決でこれを決める。これは法を多数決で決めるという、いちばん古い例の一つです。

この場合、多数決原理以外いっさいを認めない。これが先ほど申しあげましたラビ・エリエゼル・ベン・トルタの話（注：特殊な構造をもつかまどの聖汚をめぐる議論。「アクナイのかまど」の名で有名）に出てくるのです。すなわち、ベン・トルタがある解釈を発表した。ところが否決された。彼はたいへんに怒り「自分の解釈があくまでも正しい。その証拠に奇跡をおこなってみせる」といって、奇跡をおこなったそうです。その上でもう一回表決にかけたら、また敗れてしまった。

彼は怒って、天に向かって大きな声を出して、神よ、私がいっていることが正しいことを証明してください、とどなったそうです。そうしたら天上から声がして、皆、何をつまらぬ議論をしているんだ。エリエゼル・ベン・トルタのいっていることが正しいではないか、という声がした。そこでもう一回表決をしたところが、また負けてしまった。

すなわち、神の意思《いし》とは投票によってのみ表れる。多数決のみに表れるのであって、それ以外にはいっさい表れない。これを意味している説話でして、多数決以外に法の解釈はなし得ないという原則を立てたわけです。

イスラム圏の大問題

これが、セム族における法の系統でして、これが宗教法という形でたいへんに強くあの社会に根づいたわけです。ですから、この社会においては宗教と法とは一体化していて、私はアラーを信じますが宗教法は守りません、ということは原則としていえないのです。

たとえば、ホメイニ師（注：イランのイスラム教シーア派最高指導者。一九七九年のイラン革命のリーダー）にとっては、私はアラーを信じますが宗教法はいっさい守りません、ということはあり得ないんです。神を信ずるということは、神と人との契約である宗教法を絶対守るということであって、法は守りませんが神を信じます、という命題はないのです。

こういう社会には世俗法という概念は、原則的にないのです。これは今のイスラム圏における非常に大きな問題です。

国会はイランにもあります。しかし、イランの国家の議決は、そのまま法にならない。そのうえにウラマーの十二人委員会（注：憲法擁護評議会とも訳されている）というのがありまして、ウラマーすなわち宗教法学者十二人が委員会を構成しており、国会の議決した法律が、はたして宗教法に抵触するかしないかを審査するわけです。

審査して、抵触しないという判決がくだって、初めてこれが法になり得る。国会の議決はそのまま法にならないわけです。これは違憲立法審査権と違うのですが、宗教法立法審査権と私は勝手にいっていますが、宗教法に違反している立法は初めから無効です。

こうなりますと、憲法は、すなわち宗教法であり、国会で立法できる範囲は、類推法だけである。今いったような判例から、ある種の法を類推していく。これは許されるので、類推法の範囲内の議決しか認められないわけです。

これは非常に奇妙に見えるのですが、憲法を、宗教法と同じような形と理解しますと、これもやはり現代社会の一つの原型なのです。ですから国会がどのような法律を可決しても、それが憲法に違反している限り無効である、というのとたいへんに似た構成になっているんで、これはなにも革命後のイランにおいてはじまったことではなく、パーレビ帝（注：イラン革命まで政権を握っていた国王）のときにも十二人委員会はあります。

イランはイスラム圏で、宗教法以外の世俗法が非常に入ってきているといわれる社会ですが、この機能はやはりあるわけです。

これが人類における多くの社会の法というものの、少なくとも現代世界で多くの国々の、最初の起源と見ていいのです。こういう社会ですと、法と宗教との関係は、きわめて明確で、その法に従う者とはその信徒、ということにならざるを得ないのです。

「大勢四転考」の日本

外面的拘束、内心的拘束

もちろん、世俗法という概念、いわば宗教法に対して別の世俗法というものはあり得ます。世俗法は、ある範囲までを規制するけれども、それから先に踏みこんではいけない。宗教ないし宗教法的なものもある範囲内までは規制するけれども、それから外へ出ていってはならない。世俗法を認めればこういう形になりますが、これは古代社会においては不思議な発想です。

この発想が初めて明確に出てくるのは、新約聖書の使徒パウロのときです。彼において初めて、人間を内なる人と外なる人に分けるという概念が出てくるのです。これは旧約聖書にはなく、セム族にもない。イスラムにも基本的にはなく、新約聖書だけに出てくる発想です。すなわち、外なる人はローマ法に従っていて構わない。パウロはローマの市民権をもっていますから、外的規制はローマ法であっていっこうに構わない。しかし自分の内心の規範《きはん》は、あくまでもユダヤ教徒である。こういう主張を彼はするわけです。これは当時の世界においてはきわめて奇妙な主張で、今でもイスラムに行ったら、きわめて奇妙な主張なのです。私はアラーを信じますけれども、宗教法は否定します。パウロはこういっているに等しいので、こういう命題は元来成り立たないはずなんです。

しかしここで初めて、内的規範と外的規範の峻別《しゅんべつ》が出てくるわけです。これが民主主義の基本と考えていいだろうと思います。

世俗には外的規範ですから行為において法に違反しない限り、その人間を拘束《こうそく》することはできない。ですから、内心の規範がなんであろうと、それは少しも構わないんで、信教の自由とか、思想、言論の自由というのは、これによって保障されるわけです。これがヨーロッパのはじまりです。

カトリックにおいても、この伝統は長く続き、神の法と人の法という概念があって、やっぱり法が二重になっている。神の法の前には、法王であれ、一信徒であれ、平等である。ですからダンテ（注：『神曲』の著者）は、平気で法王を地獄にぶちこんでしまうことができる。

これは、神の法の前には平等という概念が一方にあり、同時にカトリックという組織における人の法においては、人の法として別の秩序があり得る。これがどのような形で出てくるにしろ、西欧世界における一つの原則になってきますが、これがさらに明確になってくるのが、プロテスタンティズムが出てくるときです。

ルター（注：宗教改革の創始者）の場合でも明確であって、肉の秩序と霊の秩序という分け方をし、人間の肉体を拘束する世俗の法に宗教はタッチしない。ですから宗教法体制を逆に否定しているのです。人間の社会の体制は世俗の体制であって、宗教はこれへの法的規制をしない。同時に、その世俗の体制は、絶対人間の内心の問題に踏みこんではならない。これが近代のはじまりです。

われわれも明治以来、そういう近代的な法の下にいるはずですが、その「はず」通りならば、おまえの教義が憲法に違反しているという言葉は出てくるはずがないのです。もしもそんなことをいわれ出したらたいへんで、「逆宗教法」ともいうべき「世俗法」絶対の世界に戻ってしまう。そうなるのも、われわれには前記のような歴史的過去がないからで、彼らはこの峻別のために、長い歴史的苦闘があり、それを経て獲得したわけです。

パウロなどは実にたいへんなわけで、どちらから見ても当時の世界では奇妙な人間なんです。外面的拘束ではローマ法に従っている。内心的拘束では、自分はユダヤ教徒である。これはユダヤ人から見てもあり得ない存在ですし、ローマ人から見ても奇妙な存在です。だが外的規制に関する限りローマの法は確実に守る。ただし、それが自分の宗教的信念に抵触する場合には絶対に拒否する。殺されても拒否する。

初代キリスト教徒は〝カエサル（注：古代共和制ローマ末期の軍人、政治家。シーザー）を

「主」と呼ぶこと、その前で香をたくこと〟は、あとの法律を全部守っても、これだけは拒否する。これが殉教者《じゅんきょうしゃ》物語で必ず出てくる話であって、それ以外の法律は理想的に守る典型的なよき市民です。

ただし、この点に関する限りは頑《がん》として拒否する。これが、いわば宗教法と世俗法、人間の内心の規範と外心の規範を分けていく過程におけるいちばん大きな問題点として出てくるわけです。

固有法と継受法という分け方

こういう伝統と比べ、われわれはいったい、いかなる法的な秩序のもとに生きてきたのか。戦後の憲法は押しつけだといいますが、明治の憲法だって、日本にそれまで憲法という概念があったわけでないんで、これも国際情勢上の必要からである。穂積八束《ほづみやつか》（注：法学者）の民法典論争に出てくる、あの論争を見ますと、民法もある意味において押しつけです。ですから、この憲法を押しつけだというならば、明治憲法であれ、戦後の憲法であれ、程度の差があっても押しつけといえます。

しかし、考えてみますと、大化《たいか》の改新《かいしん》（注：六四五年にはじまる政治改革）から大宝律令《たいほうりつりょう》（注：七〇一年に成立した基本法令）、養老律令《ようろう》（注：大宝律令を修訂し七五七年に施行）に至るまでも、ある意味では中国の非常に大きな勢力からの文化的押しつけであるといえるわけです。

法を探究する場合、固有法（注：その国に固有なものとして生まれた法）と継受法《けいじゅほう》（注：他国の法制度にもとづいて制定した法）という分け方があります。セム族のような場合は、あくまでも固有法の世界である。どこからも法を継受したわけではない。外国の法を輸入してきたわけではないので自分の先祖からの法を、いろいろな形で合理化して、時代に即応させていった。

ですから、基本は決して変えないけれども、それに対する解釈は、たえず変えていくわけです。そこで解釈が立法のような形になっていく。固有法の世界は大体そうで、こういう場合には成文憲法がなくてもいいわけです。

成文憲法はイスラムにありませんし、イギリスにもないわけです。純然たる固有法の世界は、判例の積み重ねだけでやり、その積み重ね自体が憲法の機能を果たしますから、特に成文憲法は必要ない。固有法の世界は大体そうです。

ですから、解釈、その解釈に対するまた解釈、それに対する解釈、こういう形になって、一つの基本から類推に類推を重ねていって法を形成していく。これはシャリーア（イスラムの法典）であっても、タルムード（注：ユダヤ教の口伝律法《くでん》。トーラーという成文律法に対する語法）であっても、教会法であっても同じです。それを見ますと、われわれにはさっぱりわからない点があります。

前に申しましたように、旧約聖書のトーラーは法で、これを法律化したのがミシュナで紀元二二〇年ごろできていますが、今度はこのミシュナでは除かれていたため付加されたものをバライタといいます。バライタは「取り除いた」という意味ですが、取り除いたものをまた付加した。その次にゲマラというものが出てきます。バライタに対する注解でして、この注解によってこれは完成した。ゲマラは「完成」の意味です。

ところが完成したあとに、さらに注解ができてきて、これはメギラといい「巻物《まきもの》」という意味ですが、「再注解」と訳していいと思います。その注解のあとに、今度はトセフタというものができます。トセフタとは欄外という意味です。つまり注解書の欄外にもう一回注解をした。

これは時代によって、たえずそのように注解を重ねていって、ミシュナという憲法は動かさないけれども、注解を重ねていって、その時代に適合させていく。それをもう一回再編し直す。

全部を再編し直すので、ミシュネー・トーラー（注：マイモニデスの著）となります。第二のトーラーという意味です。この再編したものをまた注解し、注解したものを条文化したのがシュルファン・アルフ（注：カロの著）で、これができたのが十六世紀です。そういう形で、たえず基本から判例だけを整理し、注解をして続けていく。これが、固有法の世界なのです。

では、タルムードとはどんなものか。イシドール・エプスタイン（注：膨大《ぼうだい》なタルムードを現代英語に訳したことで有名）というタルムード学者が「これは実に簡単なもので、イギリスの国会がはじまって以来の全部の討議を集録してあるようなものだ。そう思ってくればいい」といっております。

しかし膨大なもので体系化しておりませんので、読むとよくわからないのです。これがなぜ法であるか、われわれにはよくわからない。こういう点、日本の六法全書《ろっぽうぜんしょ》（注：六法＝憲法、民法、商法、刑法、民事訴訟法、刑事訴訟法）は、実に便利なものだと思うのですが、彼らにとっては、タルムードのようなものがあくまでも法です。

これはイギリスでも、サウジアラビアでも、イスラエルでも同じでしょう。

伊達千広の『大勢三転考』

これが固有法の世界ですが、継受法は、そういう形にならないわけです。ですから明治の初めに憲法は大陸型でフランスとドイツが日本の参考になったわけですが、この両国は、すでに成文憲法をもっているがゆえに継受しやすい。ところがイギリスの法を継受しようと思っても、そう簡単にできない。継受法は、一つの体系をもってその国に入ってくるわけです。日本の場合、私は大化の改新で継受法時代がはじまり、明治において、また一つの継受法時代がはじまっていると思います。このことに気がついたのは、幕末の伊達千広《だてちひろ》という国学系の歴史学者の『大勢三転考《たいせいさんてんこう》』という本を読んだときです。

これは、日本は、固有法時代と継受法時代という二つの時代があって、それによって歴史を分け得るという、たいへんおもしろい発想をしています。

彼は、いちばん古い時代を骨（かばね）の時代と呼んでいます。日本の固有の秩序、大陸からの法と体制を輸入する前の固有の秩序の時代です。その次は職（つかさ）の時代、法的に整備されたあらゆる職制によって運用された時代、その次が名（な）の時代、大名、小名の時代という意味で、貞永式目《じょうえいしきもく》（注：鎌倉幕府の基本法典。御成敗式目《ごせいばいしきもく》）にはじまる武家法の時代と見てよいと思います。日本の体制は、このように三転している。こういう見方をしているんです。

これが明治において、もう一回一転しているわけですから、今考えると大勢四転考で、また継受法時代が来ている。そして継受法的文化だという意味においては、明治も戦後も必ずしも変わっておらず、この意味では戦前も戦後も同じなわけです。決定的な違いはむしろ、貞永式目から徳川時代が終わるまでとの間にあります。この時代は、ある意味で固有法の時代です。

ですから、伊達千広の分け方をしますと、日本のおもしろい法的特質は、むしろ一二三二年、貞永元年にできた貞永式目から明治二十二年（一八八九年）、いわゆる民法典論争までで、この間の日本人の法意識が、おそらくわれわれの法意識のいちばん基本になっているだろうと考えております。

これは、民法典論争の時に、穂積八束がたいへん強く主張しているのですが、外国の民法を翻訳して施行したというようなことをやった国はない、と。確かに、これは珍しい現象ではないかと思うのです。イスラム圏でも今ではいろいろな法を断片的輸入しております。サウジアラビア以外は、完全に固有法の世界ともいえない。継受している法もあるのですが、民法だけは別です。

これがいちばんはっきり出てくるのがイスラエルでして、この国は民法以外はことごとく世俗法を原則としているわけです。しかし国会が議決できないものは民法で、民法に関する限りは宗教法です。ですから結婚とか離婚とか相続、こういうことになるといまだに国会はなんの議決もできないのです。

これがアメリカと違う点であり、同時にイスラムとも違う点で、いわば両者の中間です。

すなわち刑法、商法、その他のいっさいの法律は国会の議決でこれを決める。だが民法は宗教法ですからクネセット（注：イスラエルの一院制議会）という議会は、民法に関する限り無権限、司法権も同じです。

すなわち裁判所も民法は別、民法裁判所というべきものが別にあるので、これが宗教法裁判所です。そして民法に関する限りは、ここで裁判がおこなわれる。そしてこれへのどのような議決も無効で、ここに宗教法体制と世俗法体制との接点があるわけです。実はここまでいくのが、あの国でもたいへんだったわけです。

明治の民法も「外圧」で成立

いろいろおもしろい例があるのですが、宗教裁判所で正式に結婚ができるのはユダヤ教徒とユダヤ教徒だけで、ユダヤ教に一方が改宗しない限り結婚はできない。

これは、ある意味でカトリックも同じですが、今諸外国からユダヤ人は帰ってきておりますから、ユダヤ教徒とキリスト教徒が結婚して帰国してくる場合もある。こういう場合、帰ってきたからといって離婚しろということはいえないですから、それはそのまま認めるという便法をとっているわけです。

イスラエルに留学した日本人がユダヤ人の女性と恋におちますと、国内では結婚はできない。そうすると、二人でデンマークまで出かけていきます。デンマークはパスポートを見せるとすぐ結婚できるので、デンマークで結婚してから再入国する。

それを離婚しろとはいいませんから認められる。そういう人たちが離婚するときどうするかというと、自動的に離婚できるんです。つまり宗教裁判所は、原則としてそれを認めておりませんから、両者が離婚したいといえば、すぐＯＫになる。

私の知人もそうやって結婚したんですが、やっぱりうまくいかない。四年目に離婚ということになって、宗教法廷に行ったら、さっと離婚が成り立つと思ったら、おまえがユダヤ教徒でないという証明書をもってこいといわれた。

それで彼は非常に困ったわけです。キリスト教徒ですと洗礼を受けておりますから、教会から何年何月何日に洗礼を受けたという証明書をもらってくれれば、そういう結婚は初めから認めないですから、すぐ離婚ができてしまう。しかし日本人にはそういうものがないのです。ですから宗教的な、そういうものについて日本人は、こういう場合たいへん困るのです。

いわば自分がユダヤ教徒でないことを、どうやったら証明できるか。私も相談を受けたことがあります。しようがないから日本に帰って、寺の過去帳でもめくってもらって、私はこの通り何代か前には確実に仏教徒であります。こういう証明書でも一筆書いてもらったらどうだというと、政府か何かの公的機関の証明がいるようなことをいわれたらしいのです。

日本政府は、この人間が何教徒であることを証明するなどという証明書は出せないわけです。その相談を受けてから、もう四年ぐらいになるんですが、いまだに離婚できない。まことに宗教法というのは、そういう点になると困るわけです。このように民法に関する限りは宗教法なのです。

もっとも、よく調べてみますと、民法だけでなく、土地の貸借《たいしゃく》まではまだ宗教法です。ただ宗教法絶対の世界ではないですから、宗教的な戒律《かいりつ》、過去における宗教法違反が、決して刑法の対象にならないという点は近代化されているわけです。

ユダヤ教徒は酒を飲んでもいいのですが、イスラム教徒でもイスラエルなら酒を飲もうと、決して刑法の対象にはならない。酒を飲んだからといって、ムチ打ち六十をくうということは絶対ないわけです。しかしこの国ではイスラム教徒も民法に関する限りは宗教法です。

イギリスも一八〇〇年かまでは教会法だったそうで、民法はその国の伝統的文化と密着しているから、いちばん最後まで残るのはあたりまえである。ですから穂積八束が「民法を輸入して、西洋の民法にしてこれを強行的に施行するなどというのは、ずいぶんばかげた話だ。こういう妙なことをやった国はない」といっているのは、ある意味で正しいと思うのです。

これは当時たいへんな論争になるんですが、そのとき政府は、これに対して何ら返事をしていないのです。日本国政府は、そういうときいっさい答えないのが伝統らしく、ただ田健《でんけん》治郎《じろう》（注：司法大臣などを歴任した政治家）がこれに対する唯一の反論にならぬ反論をしています。

その反論はたいへんおもしろく、そうはいうけれども、民法を改正しない限り条約改正ができないじゃないか、これが反論なんです。明治における最大の課題は条約改正で、条約改正するためには、われわれは近代的な民法をもっております、と外国に示さなければならない、だからやるのである、と。

こうなりますと、これもやはり外圧で、間接的「押しつけ」です。ですから、戦後の憲法だけを外圧、外圧というのはたいへんおかしいので、明治の民法だって外圧によって成立しているわけです。このように見てくるなら、われわれの法意識はどこかいびつになっている点があるのではないかと思います。

日本人の法意識の基本は貞永式目

貞永式目が浸透した理由

では、それまでの日本人は、どういう法意識をもっていたか。日本はもちろん無法社会ではなく、貞永式目以来ずっと固有法があったわけで、これが徳川時代にたいへんに深く浸透しました。

水戸《みと》の『大日本史』（注：徳川光圀《みつくに》によって開始され、水戸藩の事業として明治になって完成）の第三代目の編集長・安積澹泊《あさかたんぱく》が、『大日本史論賛』を書いております。論賛とは、元来『大日本史』に入っているはずだったんです。いわば歴史的記述があって、次に批評がある。この批評を論賛といって、中国の司馬光《しばこう》の『資治通鑑《しじつがん》』（注：編年体の歴史書）の通りにしているわけです。

彼はこの論賛をずいぶん遠慮して書いているのですが、あとになると、これもよろしくないというので、全部はずされてしまうわけです。ですから、最終的な『大日本史』には論賛はありません。

ただ、この論賛だけは別にまとめられて、現在残っています。その中で、貞永式目について触れています。そうして「これは今においても民の法の『標準』である」と記《しる》してあります。北条泰時《ほうじょうやすとき》（注：貞永式目を制定した）という人間についても、べたほめでありまして、文武両全の人としております。つまり徳川時代においても、貞永式目は日本人の法意識のいちばん基本になっており、当時のいろいろな版を見ますと、今でいう劇画入りみたいなものまであるのです。

子供の手習いの教本にもなっていますが、これを見ると日本というのはたいへん進歩した国だったと思うのです。子供に字を覚えさせると同時に、法を覚えさす。もっとも追加法まで入れますと、約九百ヵ条ありますが、手習いに全部はなくて、貞永式目五十一ヵ条です。これで字を覚えさせた。

今、もしも日本国憲法を手習いの教本に使うと、字を覚えると同時に、基本法を覚える。これはいい方法じゃないかと思うのですが、現在の日本は徳川時代ほどには進歩していないからそうはいかない、となるのではないかと思うのです。

それですから、当時の人間が民法と考えていることは貞永式目的でありまして、この点、日本は不思議な国であり、おもしろい国です。

では、どうしてこの法がこんなに浸透したのかといいますと、それはやはり固有法だからであります。固有法は元来そういうもので、さまざまに解釈されながらも、ずっと継承をされていく。同時にこれが自分の規範となり、また法となる。ですから、法と道徳、ないしは自己の外的規範と内心の道徳観の間に乖離《かいり》がないわけです。常識的に正しいとされる通りにふるまっていれば、それがそのまま法通りとなるわけです。

明治において日本人が苦しむのは、その点でして、法に対する不信感が出てくるのは、明治からです。日本人の常識通りにふるまうと、これが問題になってしまう。昭和になってもあるのですが、たとえば農村共同体において、小作人が地主のところに行って、保証人になってくれ、ここにはんこを押してください、といったら、それは絶対断らないのが共同体の規範です。

地主は、それだけの義務を負っている。それをしてくれなければ地主としての、村落名望家としての資格はないわけです。ところが、手形に裏判を押すのはたいへんなことです。その場合、それによって財産を失ってしまったという例さえあるのです。

いわば伝統的な規範の通りにしていると、とんでもない損害をこうむる。しかも、それを法に訴えて出ると自分が負けになる。そのとき彼に弁護士といわれる代言人《だいげんにん》がついていて、いろいろ変なことをいうと、自分が負けになってしまう。自分は正しいことをやっているのに、とんでもない被害を受けている。こういう例は実に多いんです。

ですから三百代言《さんびゃくだいげん》という言葉が最大の蔑称《べっしょう》になる。そのため弁護士という言葉はあとから出てきたんで、明治は代言人です。こうなると弁護士とは〝たちの悪い人間〟という通念が出てくる。

これは伝統的な規範、固有法的な規範と継受法との間の誤差、それから出てくるわけで、法への不信になります。これが、おそらくそれ以後の日本人の法意識をゆがめただろうと思います。

日本史における大事件

ところが、貞永式目を読んでおりまして、同時に、このときに北条泰時が弟の重時《しげとき》に送った手紙などを読みますと、まことに私は、日本人の法意識は不思議だと思う点があるのです。継受法は外国から輸入したものを絶対化する。こういう形にならざるを得ない。ところが固有法は自己の何らかの伝承を絶対化しているわけで、すべての固有法は、そういう形です。ですから法源を何に求めるか。これは神に求めるとか、預言者《よげんしゃ》に求めるという形にならざるを得ないはずです。

なぜコーランが絶対なのか。これはマホメットが大天主ガブリエルを通じてアラーから与えられたものである。神から与えられたものであるから絶対である。その預言者がさまざまなことに裁定を下した。それがスンナである。だからこれが絶対である。この絶対にもとづいて類推をしていく。これがキャースであって、それが法である。固有法の場合、大体そういう形にならざるを得ないわけです。

いちばん古いのは、モーセの十戒《じっかい》でして、シナイ山で神からもらったものだ、それをどう継受してきて、どのようになっているがゆえに、自分はこういう解釈権をもち得る。この論証はたいへんに面倒なのですが、厳格におこなわねばならない。

ミシュナのピルケ・アボート（注：ミシュナ中の〝ピルケ〈章〉アボート〈父祖〉という一篇〟だが、その枠《わく》を超えて親しまれてきた格言集）は、それを書いているわけで、モーセが受けとったものは、誰が継承したか。どのような継承をされて現在のわれわれに至り、何がゆえに自分は法に対する解釈権をもち得るか。これを論証しているわけです。いわば立法上の典拠、ないしは法理上の典拠の明示ですが、この典拠が何か、ということは、常に問題になるわけです。

律令制というのは、一応それをやっているわけで、神勅《しんちょく》（注：神のお告げ）からはじまって、神話、それにもとづいてどうこうというのを、大陸からの継受法でありながら、というよりも、むしろ、それゆえにこれをおこなって権威づけて強行しなければならない。これは明治においてもあるわけで、そうでない限り、継受法は強行できない。こういう面が出てくるわけです。

ところが、北条泰時の非常に不思議な点は彼が弟の重時に送った手紙の中に、「ま事にさせる本文にすがりたる事候《そうら》わねども」という言葉があるのですが、本文とか本説とかいうのは法理上の典拠です。ですから、法律はつくった、しかしどういう法理上の典拠にもとづくかといえば、そんなものはないよ、といっているわけです。こう堂々といわれますと、不思議な感じがします。

しかも、この貞永式目のいちばん最後を見ますと、武蔵守《むさしのかみ》平《たいらの》朝臣《あそん》泰時と書いてあります。これを簡単にいいますと、東京都知事が日本国憲法を発布したみたいなことで、何がゆえに、自分にそういう法を発布できる権限があるかということを、いっさい論証してない、そういうことはいっさい関係ない。ただ道理の推すところに従い、ただこれは理屈に合っているから、それでいいんだ。こういっているのですが、おそらくこういう法律は、あまりないんじゃないかと思うのです。

さらにこれを見ていきますと、たいへんに格調が高くないのです。いきなり実際問題に入っていく。現実問題をいかに規制していくか、それだけです。

ただこの立法はたいへん合理的なわけで、当時の評定衆《ひょうじょうしゅう》十三人、これは主に鎌倉において裁判を扱っていた人たちですが、それが討議のうえ、多数決で決めた。いちばん最後に起請文《きしょうもん》（注：契約をかわす際の誓いの文書）がありまして、決めた十三人といえども、この法は拘束する。これに違反した場合は、いかなる神罰に当たられてもいたしかたない。ここに起請をする。こういうサインで終わっているわけです。

これは日本史における大事件で、天皇が主権者ならばたいへんなことです。というのは天皇をいっさい無視して、自分たちで勝手に法律をつくって公布してしまった。最初、関東分国だけとなっておりますから、当時の関東分国とは、法的に独立国のようなものです。でありながら、なんとなく律令の解説書であるようなこともいっているんです。

ここがまあ日本人の不思議なところで、律令はいっさい無視し、自分は新しい法律を発布しましたともとれますし、これによって京都ノ御沙汰、律令の様式、何一つ変わるべきにあらず、ともいっているのです。いわば北条泰時の言い方はたいへん微妙なんです。読み方によっては、律令の施行規則だと取れるような言い方もしている。

同時に、「ま事にさせる本文にすがりたる事候《そうら》わねども」ということで、律令とはいっさい関係がないという言い方もしている。しかし、いずれにせよ、天皇にこれを上奏《じょうそう》して裁可を経たわけではないので、自分で勝手に出してしまった。こういう点では、日本史における革命的事件ではないかと思います。

私有財産の所有権が確定

ただ、いずれにせよこの法は、たいへんに歓迎されたのです。北条氏の御仁政《じんせい》（注：人びとを思いやる政治）といわれますが、何を御仁政かというと、法をつくってくれたことが最大の仁政なんです。この法を皆が読める。この法通りに従っていれば安全である。

特にこの中で大きいのは、日本において私有財産の所有権が確定したことで、これは貞永式目が初めてです。第七条・八条ですが、その取得原因のいかんを問わず、二十年間その所領をもっていれば、それはその人間の所有と認める。これが出てきます。これは律令と基本的に違う点です。

当時の日本は、ソビエトみたいに表経済と裏経済があるわけで、すべてが法律通りにいっているわけではないんですが、厳密に法通りとなると、私有財産はなくなるわけです。養老律令で三世一身法というのができても、更地《さらち》を開墾《かいこん》すれば三代までは所有権を認める。認めるのは三代までであって、四代目からは国庫に返納されるべきものです。だから一定期間私有が認められても、時間とともに国庫に返納されるというのが律令の原則です。

伊達千広がいう職の時代は、何かを所有しているようであっても、命ぜられた職務に付随しているにすぎない。ですから国じゅう総官僚みたいなもので、何かもっているように見えても、ソビエトにおける所有という概念と非常に似ている点がある。地位を失えば、すべての所有物は失う。

もっとも原則通りにはいっていないのです。日本は〝原則は原則、実情は実情〟が好きな国ですから、そうはいってないんで、父子相伝《ふしそうでん》（注：父から子だけに技芸などを伝えていく）で職を継げば、結局は財産も継いでいくような形になってしまうんですが、原則論からいえば、一定期間後は全部国有に戻るのが、律令の原則です。

この原則を法的に打破したのが貞永式目で、二十年間もっていれば自分の財産である。ですから、それをどうしようと自分の勝手である。売ろうと、質入れしようと、何しようと、これは勝手である。

勝手であるとあんまりいい過ぎたんで、あとで幕府はずいぶん困ります。御家人《ごけにん》がこれを売ってしまうと、鎌倉に忠誠な人間がなくなっていく。同時に京都から嫁を迎えるのが流行し、京都のほうへ所領が行ってしまう。

娘を京都にやろうと持参金で所領をやってしまうと、幕府の中枢《ちゅうすう》である御家人の所領が、どんどん変質していく。あとでだいぶ制限を加えているのですが、ここにおいて初めて私有財産という概念が明確に出てくる。これが貞永式目の特質です。

そこで相続が、大きな問題になってくる。相続権を誰がもつか。職の時代には相続権は、ほんとうはないはずです。関白《かんぱく》の職を子供が継ぐといっても、現代の相続のように、相続財産として継承できるわけではない。勢力を失えば、その権利は失う。相続財産は、職を失おうと、何をしようと自分がもっていて、自分の子孫がこれを継承できるということですから、所有権が確立すれば相続法が重要になってきます。

そして貞永式目における相続法は、たいへんにおもしろいのです。長子相続制という原則もありませんし、男系の男子という原則もありません。誰でもいいのです。譲《ゆず》り状を渡せばいいのです。ですから三男でも四男でもよく、これはと思う息子に譲り状を渡すと、それが相続をする。だから女性が相続してもいっこうに構わない。その女性がそれをもってお嫁に行っても少しも構わないのです。

これが後に問題になるわけです。ただし、これは条件があります。こういう法律は世界で日本だけだと思うのですが、譲り状を出して相続させてしまうと父親はいっさい所有権がないわけですが、所有権がない父親に対してははなはだ親不孝であって、親を扶養《ふよう》しないという場合どうするか。こういう場合、悔《く》い返し（注：いったん譲渡した財産、所領を譲り主が取り戻す）ということができます。後悔して取り戻すのです。

おまえに相続させてやったけれども、おまえはちっとも親孝行はしないし、所領の経営もちゃんとしない。一族の面倒も見ない。はなはだよろしくない。おれははなはだ後悔したから、本日をもって取り返す、といって、また父親が取り返してしまう。今度は別の人間に譲り状を出すと、またその人間が相続できるわけです。

悔い返しは、財産をもって結婚してしまった娘にもできます。だから結婚したんだから、もう知っちゃいないといっていると、実家のほうの親父が怒って、悔い返しの権利を実行すると、その財産を取りあげられてしまう。だからリア王（注：シェークスピアの悲劇。三人の娘のうち上の二人に財産譲渡後、冷たくされる話）なんてのは出てこない。あれは悔い返しをやりますと、全部娘たちは財産権を失ってしまう。

これはたいへんにおもしろい制度です。ただし、これを頻繁《ひんぱん》にやると、所有が確定しませんから、無制限にできるように見えて制限があるので、その前に必ず親子で話しあいをしろ、ということを式目は書いています。ですから財産を譲る、経営権も所有権も譲る、ただし父親を扶養させる権利というのは最後まで保有しているわけです。

経営力を重く見た相続

この話をしますと、今の民法をそう改正できないものかという声が、ずいぶんご老人から出まして、おもしろいと思うのは、貞永式目的発想は、今でも日本人に残っています。総理府の相続意識の調査を調べますと、戦後の均分相続制（注：相続人の権利の平等を基礎にした相続制度）を「よい」とするものは、わずか一二・一パーセントです。

ほかにどういう相続を望むか、と申しますと、長男というのと、自分を扶養してくれるもの、この二つなんです。長男と、自分を扶養してくれるものとは、ある程度重なった概念ですから、何でもいい、自分を扶養してくれるものに財産を譲りたい。これは貞永式目的なのです。

ところが、韓国とか、イスラムでもそうですが、こういう発想は絶対にありません。そのかわり、死ぬまで財産は手放しませんから、こういう問題は出てこないということもいえます。

日本は、隠居《いんきょ》という制度が、これによって確立しているわけです。父親とは、ある種の権利をもっている。いわば扶養させる権利をもち、一定の年齢になると、財産を息子に譲ることで世代交代をしてきた。式目に、この原則ははっきり出ている。

またその対象は女性でも男性でもいいし、奥さんでもいいんで、奥さんに譲り状を渡すと、奥さんが相続してしまう。だんなさんが死んで、譲り状は奥さんがもらって、奥さんが相続した。ところが、だんなさんが死んだあと、奥さんがすぐ財産をもって再婚した場合はどうするか。

これは後家令改嫁事（注：後家《ごけ》、改嫁《かいか》せしむる事。「改嫁」は〝再婚〟の意）、として出てくるのですが、こういう場合は相続権を放棄しなければいけないのです。亡夫の財産をもって、別な人間と結婚することは許されない。その場合は、この財産を一族に返還しまして、一族が相続人を決める。

これを話すと、やっぱりそのほうが合理的だという男性が多く、死んだあとで、自分が築いた財産をもって、すぐ再婚されるなんてのは、どうも気分が悪い。やっぱり後家令改嫁事で、貞永式目的なのがいいんじゃないかという人もいるのです。

ただ、女性の保護もたいへんよくできていて、当時の所領は、女性が経営する場合が多かったのです。男性は戦争に出ますから、女性が経営する。ですから、生きている間に財産の半分、所領の半分を譲ることが、よくありました。

ところが、所領の半分を奥さんに譲ったところが、だんなのほうが浮気をしまして、離婚ということになった。こういう場合は、だんなは財産を譲ったことを後悔しているだろうと思うのです。本当に後悔しているのだから悔い返しができるか、というと、そのときはできないと式目は決めています。奥さんは離婚されても、自分の財産権は保持できるのです。

同時に、だんなが死んだときに、未亡人が相続したら、その未亡人は、自分で勝手に養子をもらって、それに相続させることができるか。律令などでは絶対にできないのです。中国でも、韓国でも、こういうケースはあり得ないのです。

ところが、これは評定衆の決議による、と書いてあるのですが、律令で禁じており、貞永式目でこれをはっきり表に出すことを遠慮したわけです。あとの記録を調べますと、評定衆に相談すれば、すぐこれができた。だから未亡人が勝手に養子をもらって、それに相続させるということはできたわけです。

もちろん、当時の相続は、幕府の承認がいります。しかし、幕府はこれに実質的にタッチしない。親父が譲り状を出したら、自動的に安堵状《あんどじょう》（注：保証書）を出す。ただし、たった一つ条件があるのは、鎌倉に出府《しゅっぷ》（注：首都にいわば転勤すること）して、所領の経営にタッチしていない人間が不当な扱いを受けないように、一定の分をそのために留保しておけというだけです。

そんなことをいっても、親父が急死をしてしまう場合があるわけで、そういう場合譲り状というのはないわけです。譲り状がない場合どうするのか。長男が自動的に相続するか、というと、決してそうではありません。「未処分の跡の事」という一条に「奉公の浅深《せんしん》に随《したが》い、且《かつ》は器量（注：能力）の堪否《かんぷ》（注：優劣）を糺《ただ》し」とあり、一族が集まってすべてのことを勘案《かんあん》しまして、この人間が適当と思う人間に相続をさせる。決してこの場合、長子の特権というのを認めていないのです。

これはたいへんにおもしろい原則なんで、なぜこういう原則ができてきたのか。これは当時の所領の相続は、ある意味で荘園という企業を継承するわけで、これはおそらく経営力ということを、いちばん重く見たのではないかと思われます。

相続法が社会構造を変えていく

徳川時代を見てきますと、この原則をいちばん忠実に実行したのは、町人です。大阪などの問屋を調べてみましても、長子相続というのはまず全然ない。十七代続いたという織物問屋を調べたのですが、その家系を見ますと、十七代のうち十代までが養子でして、息子もいるのですが、息子に経営能力がないと思うと、若隠居《わかいんきょ》をさせてしまう。

京都のなんとかいうところに、若隠居村というのがありまして、経営能力のない長男はみんな若隠居させられて、そこで一生優雅に暮らしていた。そういう村があったそうです。若隠居という言葉はたいへん優雅ですが、今の言葉に直しますと、これは禁治産者《きんちさんしゃ》（注：現在は成年被後見人）という意味で、経営に一切タッチさせない。これはたいへん貞永式目的です。

すなわちこの場合、血縁原則じゃなくて、機能原則が先に立っているので、商店なら商店という機能集団を、機能させつづけるものがこれを継承する権利があるのであって、それは決して血縁順位にもとづかない。これは荘園継承の原則であって、同時に徳川時代における町家《ちょうか》の継承の原則です。

貞永式目にはないのですが、「重時家訓」（注：北条重時が子孫のために書いた武家の最古の家訓）というものにおもしろい記事があります。重時は泰時の弟で、これは荘園の経営法その他を書いたものです。

その中に、いかなる人間が譲り状を受ける資格があるか、がありますが、これはまず所領の経営がちゃんとできること、次に両親を扶養し、孝養を尽くすこと、これがいちばん大きな原則だったわけです。第三に、一族のめんどうをなるべく見ること。これができる者が、譲り状をもらう資格がある。こういうことをいっておりました。

やはりこれは経営原則です。機能集団を機能させ得ない人間はそれを継承できない。おそらくこれは日本人がもっている基本的な考え方じゃないか。これが固有法に明確に出てきているんじゃないか、私はそう思うのです。

セム族などを見ますと、決してこういうわけにいかない。いまだに相続法は宗教法ですから、非常に厳格な均分相続制です。

ユデ・カーン・ユースフザイという「アラブニュース」の記者が、「日本人が女性の相続が認められたのは、新憲法以来だ」みたいなことを書いていて、「イスラムはそうじゃなくて、マホメットのときすでにそれが認められていた。こちらのほうが進んでいたんだ」みたいなことを書いていますが、決してそんなことはないので、日本における選抜相続には、もちろん女性が入っているわけです。ところがこれは男性であれ、女性であれ、経営能力がある者という、まるで試験制度みたいなものです。

イスラムではそうではないのであって、マホメットは確かに女性の相続権を認めたのですが、男性の取り分の半分、そこまでは認めた。同時に、これはあくまでも均等でなくちゃいけない。

これは遊牧民が多数の間はそんなに問題ないわけです。家畜が千頭、息子が五人ならば二百頭ずつ分けるということですから、たいした問題はないわけです。今でもベドウィンは、羊五百頭ぐらいで十人家族ぐらいが生活しているのです。ですから、ベドウィンというと、よく肉食民族といわれますけど、肉なんて食ったことないのです。

粉をねってパンを焼いて、バターといいますか凝乳《ぎょうにゅう》というのですか、相当妙なにおいがするものに、そのパンをズタズタに浸《ひた》して食べる。ほぼそれが彼らの食べ方で、家畜は大体売るのが主体で、牧畜民というと、肉ばかり食っているように錯覚《さっかく》されるのですが、彼らが肉を食えるのは、月に一度もない。そういう生活をしておりますから、羊五百頭で十人ぐらいが食えるのです。

月収四ドルか五ドルということになりますが、まあ食える。こういう状態ですから、家族が多いときは家畜を分けてしまう。少ないほうが管理が行き届きますから、悪くない。ところがその法律は、今になっても農業をはじめても変わらない。農地ですと、どんどん細分していく。無限に細分化していく。ほんとうの一坪地主ができてしまう。できてしまっても、宗教法は、これをどうにもできないわけです。

ですから、相続法がどうであるかということは、その国の社会構造の基本を示しているわけです。こう細分化すると、どうにもできないですから、これを預託《よたく》（注：一時的に預ける）する。相続権を放棄する、というわけにいかないこともないのですけれども、非常にむずかしいですから、一坪相続したら、それをどこかに預託する。

預託するのをワクフというのですが、よくモスク（注：イスラム教の寺院）なんかが預託を受けるのです。ですから、モスクは、ものすごい大地主みたいになっちゃう。実際はデポジットされて（注：担保にされて）いて、自分のものではないといっても、管理していると、実際には大地主みたいになってしまう。

これが宗教勢力が経済的にも力をもっている理由であって、イランなんかでも、国民の宗教心だけで勢力をもっているわけではなくて、みんなの総合的土地管理人みたいな面があるわけです。ところが、これがあるから農地解放ができない。農地解放しようというと、宗教勢力が反対するし、いちばん貧しい人が逆に反対をする。つまり、多少なりとも配分がきますから、それがなくなるということで反対する。

こうなるので、相続法には、その社会の構造をさまざまに変えていく、という面がある。パーレビー帝はこれを変えようとしたのです。こんなことをやっていたら、近代的な融資ができなくなってしまうから、これを変えようとした。ところが、それが彼が失脚する大きな理由の一つになったわけです。

こういう法律と比べてきますと、貞永式目とはたいへんおもしろい原則でして、あくまでも機能させていくものが相続できる、という原則になっているわけです。これが日本の大体基本になった。私はそう考えています。

日本人は状況倫理的

ですから明治などでもうまくいったというのは、日本人のもっている原則が、こういった血縁型社会でもなければ、宗教法の社会でもない。日本の固有法は貞永式目以来純然たる世俗法です。貞永式目には宗教性は一切ない。本当にこの時代にこういう世俗法をつくったということは、まことに不思議な民族だといえます。

ただ、第一条が神社をちゃんと管理しよう。第二条が仏閣をちゃんと管理しよう。ここも神仏混淆《しんぶつこんこう》ですけれども、これが一条、二条に出てくるだけであって、あとはまことに世俗的なことの規定がずらずらと並んでいる。

それからいろいろなケースで、追加法が約九百ヵ条できるわけですが、これも決して宗教法的な要素はない。同時に、状況倫理的です。法とはたいへん固定的なものですが、貞永式目は、たいへんに非固定的な面があり、融通無碍《ゆうずうむげ》（注：とらわれることなく自由）なところがあります。たとえば、あるときには、あることをすれば死刑である、と書いてあるのですが、状況が変化したら無罪である、こういうことがあるわけです。

日本人は、元来状況倫理的民族であって、固定倫理をきらう、という面がある。だから日本人が何かものを釈明する場合に、必ずいう言葉が「そういうけど、君はあのときの実情を知らない」というものです。

何かいうと必ず、実情、実情といいます。戦争中のことをいわれると、君はそういうけど、あのときの実情を知らない。すなわち、人間の倫理は、その状況に対応しているものであって、状況に対応して初めて、それが倫理的に正しいか正しくないかを判定すべきであって、倫理というのは固定的なものではないとします。

これは、われわれがいつごろからもっていた思想かよくわかりませんけど、たいへん伝統的な思想です。ところが、聖書でもそうですし、アメリカでもそうなんですけど、法というのは実に固定的なものです。まことに動かしがたいものなのです。情状酌量《しゃくりょう》は原則的にない。ですから、陪審員が有罪だといったら、あとは電子計算機でそのまま判決が出てしまうというくらい、簡単に出てしまう。

懲役百八十五年というのがあるのだそうで、日本人がたいへんに驚いたら、法にもとづく罪刑を重ねていって、足していったら百八十五年になった。百八十五年になったら、百八十五年という判決を自動的に下すだけだ、という。そこでそんなことといったって、その前にどうせ死んじゃうじゃないかといったら、それは関係がない、生きるか死ぬかは関係がないのであって、法的にそういう結論が出たら、そういう結論を出すだけだ、といったそうです。こういう感じになるのです。

ですから、アメリカの州法には、笑い話があるわけです。「諸君!」（注：文藝春秋発刊のオピニオン雑誌。二〇〇九年に休刊）という雑誌で特集していたことがありますけれども、犬が二匹で公園に入ってはならないとか、人はごみためで寝てはならないとか、犬が電柱に登ってはならないとか、こういう変な法律がいっぱいできてくるのです。

なぜこんな法律ができたのか、ということを前に聞いたことがあります。これはつまり、一方においては動物保護法というのがある。だから犬がもしも二匹で公園に入ってきて、キャンキャン鳴いてうるさいからといって、棍棒《こんぼう》で追い払うと、動物保護法にひっかかる。「うるさかったから」といっても犬が二匹で公園に入ってはならない、という法律はないではないかといわれると非常に困ることになる。だから犬が二匹以上で公園に入ってはならない、という法律をつくらなくちゃならない。

日本人ですと、そういうことはしないわけです。あんなにうるさくやられたらしようがないじゃないか。君はその実情を知らない、なんていえばたいていいすんじゃうのですが、そういえない社会は、無限に法が増えていく。

法三章でいい？

これはユダヤ教でもそうなんです。たいへんにおもしろいんで、無限に法が増えていくのです。人間は、一つの法をつくると、その法の脱法行為を考えますから、絶えずまた法が出てくる。大昔からこの点に関する限り、法というのは変わらないものだな、という気がするのです。

たとえば、申命記、紀元前六二一年公布の法律ですけれども、兄弟から利息をとってはならない、とあります。これは後でイスラム法に影響する、ある意味でたいへん困った法律なんです。

兄弟というのは、同胞と訳したほうがいいんですが、ユダヤ人はユダヤ人から利子をとってはならぬ。ただし異邦人からは利子をとることができる。同胞に貸したものは催促してはならぬ。だから、ユダヤ人がユダヤ人に金を貸すと、絶対に催促しちゃいけないし、利子をとってもいけない。なぜならば、兄弟だからである。

異邦人に対しては催促してもいいし、利息をとってもいい。すると、ここに金があれば、ユダヤ人が借りにきたら、ないよといって貸さないのが普通ですね。異邦人が借りにきたら、あるよといって貸すのが普通です。利子をとって、どんどん催促して回収できる方に誰でも貸して、同胞には貸さない、ということにならざるを得ない。そうなるとはなはだ困るから、おまえは同胞が貧しいときに、物やお金をもっていながら、これを貸さないようなことをしてはならない。こういう法律ができる。

そうなるとやっぱり人間考えますから、うんと高い担保をとっておけばいい、ということになります。返さなければ担保を処分すれば、利息分ぐらいとれちゃうわけです。そうなると、担保制限ができてくる。

担保をとる者はその家に入ってはならぬ。その家の入り口にいて、その家の主人がもって出てくるものを受けとって帰らなくちゃいけない。家の中に勝手に入って、おれはこれを担保にもっていく、といってはならない。同時に、ひきうすとひき石、これは担保にとってはならない。つまり、生活必需品ですから、それをとられると、どうしても金を返さなきゃならない。そういうものを担保にとってはいけない。

未亡人の着物は担保にとってはならない。当時ふとんにしていましたから、外套《がいとう》を担保にとったものは、相手が金を返さなくても、日の暮れにこれを返さなくちゃならない。そうなりますと、担保とっても意味がなくなってくる。

こうなりますと、皆また貸さなくなる。それを防ぐために、次から次へ法律ができてきます。だから完全な法治主義というのは、たいへんにむずかしいものであって、法三章（注：法令を非常に簡単にすること）でよろしいというのが正しいんじゃないか、という気がしてくる場合もあるのです。

日本人は割合それがない。それがないというのは、状況倫理だから、ということがいえるのです。貞永式目はたいへん状況倫理的なので、たとえば人身売買、拘引人《こういんにん》（注：人さらい）は死刑である。死罪である。これは大宝律令も貞永式目も同じです。ただし飢饉《ききん》のときはよろしい。これが貞永式目で出てくる。だから飢饉臨時措置法みたいな形になり、飢饉でたとえば自分の妻子が食えない。このままでは一家餓死《がし》してしまう。こういう場合、妻子を売ってしまう。

その金で自分も食うし、妻子も生きのびることができる。こういう場合は売ってよろしい。買ってよろしい。ただし、きょうから飢饉である、と幕府がいわない限りいけないのです。いわば飢饉臨時措置法みたいなものをあらかじめ定めてあって、飢饉であるといったら、それをやっていいわけです。

明治になって継受法時代がはじまる

ある荘園が奴婢《ぬひ》雑色《ぞうしき》（注：雑役が職務の者）を百人抱えていた。そのままでは餓死してしまう。穀物のある荘園に五十人売れば、残る五十人が助かる。そういうときには半分売ってよろしい。ただし、買い戻し請求権がある。ですから、豊作になったら買い戻すことができる。

ところが、買い戻しのときに、いつもごたごたが起きるわけです。どうせそういうときは捨て値でひきとってもらったわけですから、捨て値で買い戻そうと思うと、今度は買ったほうが冗談じゃないといい出して、訴訟《そしょう》になる。

幕府は、そういう変な訴訟ばかりやっていて、あの政府はちっとも優雅じゃないです。今ぐらいの世俗政府であって、明けても暮れてもそんなことをやっている。とうとう幕府はいやになって、「話しあい」にしろといいます。しかし飢饉が過ぎてもなお人身売買をやった場合、買ったほうには放免を命ずる。だから放免しなくちゃならないから、買ったほうは損をする。売ったほうは直物《じきもの》（代金）を没収する。

双方損で、そこでストップをかける。それでもなお商売としてこれをやったら、もとに戻して死罪、こうなっているわけで、状況によって法の基準を変えてしまう。これが当然だ、という発想があるので、実に状況倫理的なのです。

ですから、日本人は、状況が変わったら、一瞬にして原則を変えてよろしい。きのうまでは死刑だけど、きょうは無罪でかまわない。また状況が変わったら、また死刑で少しもかまわないという、こういう面が非常に強いわけで、これは貞永式目にも現れているのです。

これは現代の日本にも現れているので、きのうまで原子力反対といっていても、オイルショックになったら、とたんに原子力がよろしいという。これは状況が変化したんだからいいじゃないか、こういうことになるので、一にこれは状況によるわけです。

状況倫理であり得るということは、世俗法だから、世俗のことを合理的に、ただ理の推すところに従い、これを合理的に運営していけばいいのであり、同時に機能主義が先に立っている世俗法であって、それ以外のことは問題としない。これが貞永式目の原則なんで、徳川時代は大体これでやっているわけです。

当時のいわゆる民法は、大体これであった。ですから、日本は近代化できた。というのは、西欧に接する以前に、すでに世俗法社会であって、機能主義であった。これは実に大きな特徴だったわけです。ところがそこでまた固有法時代が終わって、明治という継受法時代がはじまった。ヨーロッパの「憲法」や「法」という概念が入ってきたわけです。

日本国憲法は世俗法

伊藤博文の不思議な発想

ヨーロッパにおいて世俗法の基本法が成立する。これにはやはりそれなりの歴史があるわけです。『日本人と聖書』という対談集を出したときに、最後にブリタニカの社長フランク・ギブニー氏と対談したのですけれども、彼は伊藤博文《いとうひろぶみ》（注：明治憲法立案に当たった政治家。初代総理大臣）天才論を展開するわけです。どう考えても、あの伊藤博文は、天才としか思えない、と。

というのは、ヨーロッパの憲法は、いわば宗教法から出ている。宗教法というのは、神と人との契約という形で絶対化されている。その縦《たて》の契約を横に直した。すなわち、国民という主権者と、政府との間の授権契約、いわば神との上下の契約を、社会契約論で横の契約に直して、主権者である国民と政府との間で契約を結ぶ形となった。

これは申命記にも出てくるヨシヤ王とヤハウエとの間で契約を結んで、その契約の内容を法としたという、こういう発想がそのまま横になっているという、こういう感じのものである。ですから、これはキリスト教伝統と非常に深い関係がある。

しかし当時の日本において、民と政府とが契約を結ぶという概念があり得るはずはない。そういう伝統がないですから。したがって伊藤博文は、憲法という発想はキリスト教伝統と深い関係にあって、この二つは切り離すことができないということを知っていた。知っていながら、キリスト教伝統のほうを切り離して、憲法を日本にもってくれば機能すると考えた。

どうして彼はそういうことを考え得たのか。普通の人間では考え得ないことです。向こうが先進国だからといって、それができるというような考え方を、なぜ彼がもったのか。これは彼らから見ると、非常にこの発想は不思議なわけです。

立場を逆にして見ると確かに不思議で、たとえばサウジアラビアに、近代化をするには日本国憲法がいちばんいいですよ、だから宗教法をおやめになって、日本国憲法を輸入しなさいといったって、誰もそんなことは受けつけない。どこへ行っても、これは受けつけないはずです。大体そういう発想自体、彼らには浮かぶわけがない。

日本のように伝統的な法社会にいながら、どうしてそういうことが簡単にできると考えたのか。しかもできて、一応機能したのはなぜか。私にはそれがわからない、と彼はいうのですが、そういわれると、私にもよくわからない。

なにしろそういう点では、伊藤博文は天才で、憲法だけをもってきて、日本でこれを発布すると、機能すると考えた。これは何であろうか。つまり、われわれの中に非常に古い時代に、継受法の時代という歴史的経験があったからではないか。

伊達千広がいったように、まず骨（かばね）の時代があって、職（つかさ）の時代に転換し得た。それからまた名（な）の時代という固有法の時代に戻った。しかし、われわれはその継受法によって、体制を一変させたという歴史的体験をもっているがゆえに、これが可能である。こう思い得たのではないか。

ただ伊達千広もいっているように、職の時代でも、実質的に骨の時代が続いていた。それはそうでして、そう簡単に固有法は消えるわけではない。ですから、これが貞永式目でまた表に出てきた。こういうこともいえるわけです。

確かに今見ておりますと、日本において、特に相続法などで実際に民法通りの相続している家族というのは何パーセントいるか、これを調べてみるとおもしろいと思います。貞永式目的にやっているんじゃないかと、私は推定をしているのです。固有法はそういう形で潜在的に生きているわけです。

ただ継受したときに、ヨーロッパの社会では宗教法から世俗法への転化ということが、実に大きな問題であったことに日本人は気づかなかった。自分のほうに宗教法がないからでしょう。そのために、これはあくまでも世俗法であって、絶対これは宗教法的要素をもってはならないことを深く意識しなかった。

同時に、もしも宗教法が世俗法に違反した場合、行為においては、あくまでも世俗法が絶対である。これはアメリカの憲法は明確に書いているわけですが、このこともはっきり認識しなかった。

憲法自身が神格化？

たとえば信教の自由は、アメリカの憲法でも保障されている。では信教が自由なんだから、イスラム教徒は四人の人間と合法的に結婚できるか。これはできない。行為において両方に齟齬《そご》（注：くいちがい）が生じた場合、これはあくまでも憲法は絶対であって、その場合も宗教法の規定は認めない。つまり、内心の規定としては、あくまでもそれを認める。そこまではタッチをしません。

内心の規定が外の行為として出てきた場合、わかりいい例をとれば、奥さん四人と合法的に結婚できるはずだといった場合、それはできなくて、その場合には、アメリカの憲法が絶対的に優先をする。これがいわゆる世俗法と宗教法の明確な分別です。

日本でもしもそういう裁判を誰かが起こしたらどうなるか。日本は信教の自由が憲法で認められている。同時に、結婚は両性の合意にもとづくと憲法で定められている。われわれはイスラム教徒である。そしてこの一人の男性が四人の女性と結婚することを合意した。それをいけないというならば、それは憲法違反ではないかといわれた場合、日本の場合どう答えるか。

日本の憲法にはアメリカのようにはっきりとその規定がないのです。そういう場合は、宗教法が、アメリカの憲法以上の権威をもち得るということは、アメリカでは絶対にあり得ない。日本人はそういうとき、おそらく適当にやってしまうでしょうから、あまりそういう問題は起こらないかもしれませんけれども、日本国憲法にはその規定がないのです。

ないとは、宗教法と世俗法とはどういう関係にあるべきか、といったような発想をしないですむ世界にわれわれはいた。すなわちわれわれの伝統が貞永式目以来、世俗法の世界であった。そのかわり、この憲法は下手をすると、宗教法的な要素ももってしまう。両者の明確な分析をしておりません。だから創価学会の教義が憲法に違反するという、まことに奇妙なことがいえる状態も現出しておる、という状態ではないかと思います。

確かに継受法は、何らかの神権的権威がない限り、施行することはむずかしいのです。だから明治天皇が、神格化されたのは少しも不思議ではない。

これはヨーロッパの国々が、キリスト教を受け入れたとき、やはりその現象は起きた。教会法を受け入れ、聖公とか聖王とかいわれる人は、みんなそうです。

ノルウェーのセント・オーラヴという王様ですが、これは教会法を入れて、古い体制を全部こわした。キエフのセント・ウラジミール大公、これもやはりビザンチンから教会法の体制を入れた。このように継受法の場合には、それを輸入して、施行する人間は、一種の神格的権威をもって施行しないと、これはできない。過去の体制を一変させるわけですから――。

ですから、戦後の憲法も継受法ですが、民主主義憲法なので、これは憲法自身が神格化してくる。神格化してくることは、実は憲法の内容そのものに違反するという状態が、今出てきているのじゃないか、こう思うのです。日本国憲法は、世俗法に過ぎないというとたいへん変な顔をされることがあるのですが、これはやはり明確にしておくべきことじゃないか、そんなふうに思います。

以上、日本人の法意識、法というのはこういう考え方をしているということを述べたわけですが、次に質問に答えさせていただきます。

法体系のこれから

神との契約vs.相互の話しあい

問　今日、対話がだいぶなくなってきたという時代です。どうも何かの大きな主張に流されて、対話がだんだん消えていくのではないか。マスコミに皆追いやられるのではないかという風潮が現れていると感じている一人です。ある人にいわせると、今のマスコミは間違っている。われとなんじ、そして法がそこにどのように展開していったならば、古代人が考えた、あるいはこれからの人間が予測できるかという法体系についてうかがいたいと思います。

答　これはたいへんむずかしいんで、旧約聖書およびユダヤ教における義という考え方というのは、実に図式的に明確でして、これはモーセ以来、神との契約を守るということが義なんで、神との契約を破るというのが悪なんです。ですから、簡単に申しますと、人と人との話しあいは、基本的にはない、ということが原則になっている。

これは日本人と非常に違うところでして、たとえばイスラムには相互契約という概念がないのです。

中東に行かれる方、中東協力センターなんかでも、私は何回もいうのですけれども、日本人は相互契約、相互の話しあいだけの社会ですから、相互契約を一切認めない、原則的には認めないという社会はわからないのです。

これは旧約聖書も基本的に同じでして、たとえば人と神との契約が絶対である。各人がその契約を守ればいい。ですから、イスラム教徒ではお金の貸借をするときに、何の契約もないのです。というのは、借りた場合はどうすべきかは、アラーとの契約で決まっている。貸した場合どうすべきかは、アラーとの契約で決まっている。おのおのその通りにやればいいのであって、人と人とが話しあいをして、アラーとの契約を破るということは、逆に許されない。

たとえば兄弟に対して利子をとってはならない。これはAという人間も、そういう契約を神としている。Bという人間もそういう契約を神としている。BからAがお金を借りた。しかし、おまえだから特別利子を払おう。こういう相互契約はしてよいか悪いか。絶対してはならないのです。ですから、これは原則として上下契約のみであって、相互契約がない社会、これがある意味において、もっとも基本的な法的社会なんです。

ですから、モーセの十戒のなんじ殺すなかれ、ああいう言葉は、よくわれわれは、おまえたちは殺すようなことをしてはいけないよ、こう理解しがちなのですけれども、これは二人称の単数なんです。

おまえは殺すことをしない、という契約を結んでいるわけであって、Aという人間も、そういう契約を神と結んでいる。Bという人間も、そういう契約を神と結んだ。だから二人の間には殺しあいはないという、結果における信頼感が出てくる、ということであって、二人が相談して、まあ仲よくやろうやということじゃないのです。

これは上下契約だけの世界、日本人にはいちばんわかりにくいのです。ところが日本人は、相互の話しあいだけの世界なんですけれども、このことがまた彼らには理解できないのです。日本は全部話しあいで決まる。何があっても話しあいで、新聞などでも、なんでも話しあえといっていればいいわけなんで、昔から日本人はそうなんです。

日本人がいかにその点で彼らに理解されないか。南蛮誓詞《なんばんせいし》の話をすると、そういうものは絶対にあるはずがないと彼らはいいます。南蛮誓詞というのは、簡単に申しますと、キリシタンが転んだときに、確実に転びましたという誓約書です。

普通の人間はキリシタンでないという誓約書を出せばいいのですが、キリシタンであったときは、転ぶときに南蛮誓詞というのを出す。誰に誓って転ぶのか。デウス（注：天主、神）に誓って転ぶのです。簡単にいいますと、神に誓って、以後神を信じません、ということになるわけなんです。

ところが、これだけは、彼らは「何としてもあり得ない。神に誓って、アラーに誓って以後アラーを信じません、そういうことがいえるはずはない」というのです。ところが、南蛮誓詞はそうなっているのです。

なぜそういうことが日本人において可能なのか。転ぶ、転ばないというのは、奉行《ぶぎょう》とキリシタンとの話しあいなんです。おまえ、そんなばかなことやめろ。転べ、転んだらこれ以上糾問《きゅうもん》（注：厳しく問いただす）しないから。はい、わかりました。じゃあ、転びます、というのは一種の相互契約ですね。

この相互契約が絶対であって、本当いえばそれでいいわけです。だから神との契約が絶対ではなくて、相互の話しあいがまず絶対、もうそれでいいのですけど、おのおの証人を呼ばなくちゃならない。この相互契約は確実だ、という証人を呼ばなくちゃならない。その場合、神とか仏とか、天地とか神明とかいうのは、契約の対象じゃなくて、証人です。

天地神明に誓って、この約束は破りませんというときに、奉行は天地神明をひきあいに出して、おまえが転んだら、絶対におまえは糾問しない。天地神明を証人にひっぱり出す。キリシタンのほうは天地神明はないわけです。まだ転ぶ瞬間まではキリシタンですから、デウスに誓って確実に転びます、こういう以外に方法がなくなるのです。

「令外の官」問題

これはユダヤ人に話しても、そういうものがあるわけないというのです。いわゆる神に誓って神を信じません。そういうことがいえるわけがない。

これは結局、われわれの法的社会が彼らのいうような意味の法的社会ではない。法とは、ある意味において、彼らにとっては契約でして、この契約が、神との契約になっているか、あるいは政府と国民という形の一種の横の受権契約になっているかの違いだけなんです。

この契約にもとづいて、政府というのは、契約内容に即応した類推法が出せるということですね。この点ではやはり構造的には、宗教法と非常に似ているわけです。神の位置に人民がきているわけであって、これを人民主権という。

政府というのは、その受権契約にもとづいて、その契約にたがわざる限り、類推法が出せる。それがおのおのの法である、というだけであって、基本構造は同じなわけなんです。

ですから、われわれの社会というのは、本当に憲法とか、あるいはおのおのの法というものに対して、そういう意識をもっているかというと実際はもってないのです。それはよくいうのですけど、おまえのいっていることは憲法違反だということは、本当にいえるかどうか。憲法とは、国民が政府を拘束する法であって、国民の一人一人が違反できる法というのは、各法に過ぎないわけです。

私は税法に違反できるだろうし、刑法に違反できるだろうし、民法に違反できるでしょうけど、じゃあ、どうやったら憲法に、その行為において違反できるのかといったら、違反できないのです。実際に。

いっていることとか、考え方というのは、世俗法には関係がないのであって、もしも関係があるといわれたら、これはもはや宗教法に等しいものとなってしまう。

ですから、人間の行為の一つ一つが憲法に違反する、これはあり得ないのです。ただ、政府は憲法に違反できます。憲法は、政府を拘束するための国民との間の契約ですから、憲法違反は、政府にはできるわけです。ですから、政府が契約違反をしているかしていないかは、国民にとっていちばん大きな問題ですけれども、自衛隊ははたして憲法に違反しているか、していないかは、たいへんにおかしい議論だと思うのです。

というのは、契約には自衛隊がないのですね。自衛隊に関する法律というのは、憲法のどこにもないのです。だから契約外の存在があるわけですから、これは違反しているもしてないもない。初めから憲法を無視している存在だ、ということしかいえないわけです。

だからこれは本当に妙なのです。自衛隊に関する基本法が憲法の中にあり、自衛隊とはかくかく集団であって、という一条があって、それに違反していることをしているというのなら、その条項に逸脱しているというのなら、自衛隊のこれこれの行為は憲法に違反しているとか、自衛隊をそういうふうにすることは憲法に違反している、とかいえるでしょう。けれども、条項がない限り、違反ということはあり得ないですね。

法がない限り、法に違反ということはないわけです。自衛隊というのは、あってはならないのか、あっていいのかということは、憲法には何も規定をしていない。軍隊並びにそれに等しき武装集団を置くことはできない、とは書いてないですけど、ただ自衛隊は軍隊にあらずという、軍隊でない武装集団だという詭弁《きべん》が通るわけですね。

これは何も規定がないということなんです、初めから。憲法に初めからない武装集団を置くということができるか。これはできないはずです。政府は、あくまでも契約内のことしかできないはずであって、その契約外のことができるとすれば、それはすでに立憲政治とはいえないはずです。憲法以外の何かをやっているわけですから……。

ですから、なぜそれがそのまま通るのか。これはまことに不思議な現象といえるのです。自衛隊を認めるというのなら、はっきりそれに対する一条をつけ加えなくちゃおかしい。その一条を明確に規定しておいて、この規定にはずれているならその規定にはずれている、といわない限り、初めから違反も違反でないもいえない。こういう妙な状態です。

これは大宝律令のときに出てきます。検非違使《けびいし》（注：警察業務から裁判などまでを扱う官職）というのが盛んに活躍しますけど、大宝律令にはどこにも規定がない。だから令外《りょうげ》の官《かん》（注：律令制下、令に定められたもの以外の官庁、官職）というのです。ですから、しいていえば、自衛隊とは、新憲法における令外の官。憲法に規定がない官なんです。

令外の官をつくったという妙な伝統が、日本にはあるわけです。法を改正しないで、勝手に法外のものをつくってしまう。ところがそうなると、幕府というのは、これも令外なんです。

権限からいうと、まったく令外の政府機関である。これはすなわち、法における明確な契約という概念がないからであって、これは憲法というのは契約であると考えれば、まことにおかしいので、契約を守っていることが正しいのであって、宗教法的にいいますと、これだけが義であって、これに違反したら義ではない。こういう原則論からいきますと、これは本当に正しくないのです。

ですから、戦後におけるさまざまな法的な義、その他の観念がくずれていったいちばん大きな理由は、私はこの問題をごまかした、という点にあるのではないか。これはある意味では、大きな退廃なわけです。

これをごまかして、いろいろ波風立てないようにする。これが日本の場合、非常に重要な要素になり、そういうことはいわないようにということで、戦後これを避けて通ってきた。

国民投票をすればよかった⁉

第二の問題点は、今は新憲法といいますけれども、これは明治憲法の改正の手続において成立しているのです。この改正の方法というのは、帝国憲法の改正の方法によっているわけです。その点では決してこの両者は、断絶してない。

では、なぜ憲法が権威をもち得るかというと、明治の場合は欽定《きんてい》憲法（注：君主によって制定された憲法）であるから、という形で権威をもち得た。いわゆる神格化憲法という形で権威をもち得た。

これは継受法の場合は、必ずしも不思議ではない。ところが、その改正の方法で継承している。しかも憲法自身を一つの権威として、ほかに権威のもっていきようがなくなりましたから、憲法自身を権威とする、という形になってきた。これは憲法が絶対であるという言い方になっています。

絶対なのは憲法でなくて、国民であって、国民が国民投票で憲法を変える権限をもっているわけです。ここが、旧憲法と違ったわけです。ですから私は、ばかのあと知恵みたいになるのですけれども、新憲法ができたすぐあとで、そのままでいいから国民投票をすればよかった。そうなればこれは明確に、日本国民が絶対多数をもって支持した憲法であり、権威は国民にあるのであって、憲法にあるのではない、という点が明確化できただろうと思うのです。

憲法に権威があるとするから、今度は憲法が神格化してくる。ですから、これも非常にあやふやな問題になってしまった。それでいながら、政府は憲法に規定のない武装集団を平気でもっている。こういうことを、どこかで一度終止符を打って、はっきりするべきではないかと、私はそう思います。

国内的ないろんな問題を考えてみますと、法的な面で、その点をあやふやにしたということが、法的な義の確立という点では問題点が出てきている。宗教法の場合は、これはあまり問題にならないのです。信仰があれば宗教法が守られる。なくなれば守られない。実にこれははっきりしているわけです。

ところが、世俗法の場合は、その世俗法の法的権威をどこに置くかということを、非常に明確に意識してない限り、これは権威をもち得ない。憲法それ自体が権威をもっているという考え方は、非常におかしいのであって、国民がこれを制定するという、これがはっきりしない限り、法として、それ自体が絶対だという宗教法的な権威をもってしまう。

私はこれはおかしいと思う。戦前は天皇という神格者がおりましたが、戦後は法自体が神格化している。だが、この保持はむずかしいと思う。

ですから、これが国内の法的な義という点の確立のたいへんむずかしい点だと思います。イスラエルの場合、まだ憲法をつくれないいんじゃなくて、あれは憲法をつくらないつもりだろうと私は思っております。これはあくまでも、彼らに憲法は何なのだと聞いたら、トーラーだというだろうと思うからです。この点では、イスラムとある意味でかわらない。

次に、国際的な法という問題では、われわれはウェストファリア条約（注：フランス、スウェーデン、ドイツの間で一六四八年に締結された三十年戦争の講和条約）以来の、たとえば外交官特権、いわゆる軍使《ぐんし》（注：交渉のため敵軍のもとに派遣される者）の保護からはじまる外交官特権、それが人類不変の原理のごとく思ったわけですけれども、イスラム法を調べてみると、そういう法律はないのです。

ですから、大使館員を人質《ひとじち》にしたという、たいへんな問題になる（注：一九七九年にイランで起こったアメリカ大使館に対する占拠、人質事件）。英米法が基本になっている国際法が、普遍性をもち得るか否《いな》か、という問題だと思うのです。ですから、もしもホメイニを説得するのならば、これはイスラム法に、いわゆるシャリーア（イスラムの法典）にもとづくと、おまえのやっていることは間違っている、と論証しない限り、これはむずかしいわけです。人質をとるなんていうことは、シャリーアのどこどこから類推すると正しくない、と論証しなければ、です。

というのは、彼（注：ホメイニ）は国際法も英米法も、初めから認めておりませんから、それを認めないという革命をはじめたわけですから、そこへいってこれを認めろということ自体が、一つの間違いなわけです。

これからは国際的には、そういう問題が出てき得ると思うのです。ですから、それらを含めた新しい合意というものをどうするか。これはおそらく将来の問題だろうと思います。

われわれはよく戦後ボケといわれるわけですけれども、核のかさの下にいるのがあたりまえ、英米の石油資本のかさの下にいられるのがあたりまえ、ということのあたりまえがどんどんなくなっていくわけです。しかし、この英米的な国際法のもとにいるのがあたりまえと思いこんでいるわけです。

たとえば公海自由の原則、自由航行の原則、こういうものは、何もそんなに古い歴史をもっているわけじゃないわけです。ですから、合法的海賊《かいぞく》が昔はいたわけで、そういうものが発生しない、という保障はどこにもないわけです。

たとえば、この海峡はイスラム教徒以外通さない、というようなことをイスラム教徒がいい出したところで、これはイスラム法に違反してない限り、彼らの社会では悪ではないわけです。

われわれが不当だというのは、いわゆる英米法にもとづく国際法にもとづいて、不当だといっているわけであって、もしも彼らにそれを不当だというのなら、シャリーアにもとづいてそれは不当だと、論証できない限り、彼らはそれを不当だと思わない。ホルムズ海峡（注：ペルシア湾とオマーン湾の間にある海峡）は、以後一切イスラム教徒の船以外は通さない、なんていうことになる。

日本人はそっちへ行くものはイスラムに改宗しろ、ということになって、解決しちゃうかもしれませんけど、そういうことだって出てき得る可能性がないとはいえない。そういう問題は、やはり国際的な義とか秩序、これはやっぱり将来に残された問題なんです。

自分の原点に戻って未来を探る

もう一つ、社会主義的秩序という問題ですけれども、これも権威を失ってきた。ですから、あらゆるものが新しい未来に対して、一つの義の基準を探しているという状態だろうと思います。なぜそういう状態が出てきたか。これはいわば宗教改革（注：十六世紀、ヨーロッパで起こったキリスト教改革運動）以来またそれに続く啓蒙《けいもう》主義（注：理性の啓発により近代市民社会の形成を推進）による、啓蒙主義的な義ですね、これが崩壊してきたということなんです。

もとは、まだ民主化が足りないとか、まだ啓蒙化が足りないという発想で、すべてを処理してきた。世の中に不義があるとすれば、まだそれは到達すべきある地点に到達してないからだ。啓蒙主義的な義が確立すれば、それですべてがよろしい、という発想でやってきた。だからその間の人間には、神はなくても義はあったわけですけれども、それがくずれてきたという点に、いちばん大きな問題点があるんだろうと思います。その意味でやっぱり、啓蒙主義的改革の以後の時代というのが、ある程度出てきているんじゃないかと思います。

社会主義の未来というのはどうなるであろうか。イスラエルへ行ってキブツ（注：集団農業共同体）を見ると、それを感じます。日本で社会主義を論ずる人があっても、キブツを論ずる人というのは割合ない。いろんなキブツがありますが、アヤレット・ハシャハルとか、デガニアとかは、たいへん大きな基本財産をもっておりますから、ほぼ目的を達してしまって、本当に能力に応じて働き、必要に応じて支給される社会です。

内部にお金は一切ありません。人間の能力に応じて労働時間が割り振られる。だから六十歳以上の老人だと、一日三時間、七十歳をこえると希望者だけとか、二十歳だとこれくらいの労働量。ですから、本当に能力に応じてみんな労働しているわけで、同時にその労働の量によって報酬が決まるわけじゃなくて、必要なものはすべて平等に支給される。

このごろキブツはたいへん金持ちになって、基本財産がたくさんできて、労働時間がずんずん減っているわけです。あれを見ていて強く感じるのは、この先に何があるんだろう、ということです。そこまでいってしまうと、この先一体どうなるんだろう。

確かにわれわれは長い間これを理想とし、朝日新聞の森恭三《もりきょうぞう》さんがずいぶん前にキブツに行って、ものすごい感激的な文章を書いています。ところが、最近日本人が行っても、ちっとも感動しないのです。しかし学校から何から、一時代前の理想が理想的にできています。子供は集団教育で、しかも責任をもたせて鶏《にわとり》を飼わせて、こういうことをさせていって、自主性を重んじて、実に一時代前の絵にかいたようなことをやっています。

われわれが行きますと、一体ここまで来ちゃうと、これから先どうなるのかなということで、先がないと感ずるのです。啓蒙主義的な発想とか、社会的な発想というのは、あそこでほぼ極限が見えているのです。

おもしろいのは、ここで育った人なんですけれども、十八歳まではキブツで働きつつ勉強できます。十八歳で兵役があって、兵隊から戻ってくると、本人が決断をするわけです。一年間休みをとる。社会へ行って見てこい。この点なかなか親切で、社会へ行って見てきて、社会のほうがいいと思ったら、青年になると同時に出ていってよろしい。

ただしそういうときには、キブツ財産の配分は一切ない。おまえは育てられただけだから、社会へ行って普通の人間と同じように生活すればいいだろう。キブツに残りたければ残ってよろしい。それをやるわけです。

ところが、これが残らないのです。というのは、自分の一生のすべてがそこで見えてしまっている。これは何とも不思議な社会ですね、あそこへ入ってみると。

ですから、社会主義国は労働者の天国ではない、なんて最近いろいろいわれて、ソビエトもそうではないとか、あそこもそうではないとかいいますが、確かにキブツというのはあけっ放しで、誰が来てもいいんであって、私の友だちなんかも、四年間キブツの中で働いているのですが、少しも隠しているところがなくて、見たままなんです。

ところが、やはりここを見ていますと、この先ということを考えますね。ここまで来ちゃうと、どうにも先がないのです。ですから、啓蒙主義というのは先がない、と人が気づき出したのです。

行くところまで行ってしまった、その先が何もない、何もはっきりしない、というところに、今いちばん大きな問題点があるんじゃないか。こういう場合はもう腰を据《す》えて、自己の原点に戻って、もう一回それを調べ直して、そこから未来を探るという以外に、方法はないんじゃないかと私は考えております。

善も悪もなく自然であればいい

問　もし仏教的立場に立つならば、神という絶対のものとしてでなく、人間の知恵と慈悲《じひ》との極限のこととして善悪がなければならない。そういうことが、まったく世俗的な能力主義、機能主義の中にうずもれて、いつもあやふやなものになっていく。つまり真善美《しんぜんび》の価値観が非常にあいまいであるというふうに思います。そのことを先生、今後どうやって養っていくべきであろうか、一つご教示願いたいと思います。

答　これはたいへんむずかしいのですが、仏教も東アジア的宗教に分類されるわけですけれども、これは契約という概念が入ってきてないということが、大きな特徴なんです。

西アジア的宗教、簡単にいいますと、イスラム教、ユダヤ教、キリスト教は契約という概念が宗教のいちばん基本になっている。ところが、仏教と申しますよりも儒教《じゅきょう》、中国思想のいちばん基本にあるものは、そういった契約概念ではなくて、これは論語にもありますし、大学（注：儒教の教典である四書の一つ）にもありますが、宇宙の秩序と社会の秩序と、人間の内心の秩序とは、基本的に一致するものであって、同時に社会組織とか、政治というものは、それを一致させるために機能すべきであって、その中心に置かれる要件は徳であるということ。

これが大体、孔子《こうし》の基本的な考え方です。ですから、徳のある人間が天子になれば、それがあたかも北極星のようになって、すべての秩序はその周囲を回る。それは宇宙の秩序と社会の秩序とは同じである。

これは確かに日本人は大体そういう発想をしているのでありまして、北条泰時にいちばん大きな影響を与えたのは明恵上人《みょうえしょうにん》（注：華厳宗《けごんしゅう》の僧）ですけれども、同時に明恵上人伝に出てくる北条義時《よしとき》の考え方の基本は孟子《もうし》ですね。

孟子におけるいわゆる天意＝人心論、天の意志というのはそのまま民心に現れる。ですから、民衆が放伐《ほうばつ》した皇帝は、すでに残賊（注：「残」は義をそこなう者。「賊」は仁をそこなう者）の一夫（注：ただの並の男）に過ぎずという発想が出てくるわけですが、彼の禅譲《ぜんじょう》論（注：天子《てんし》が血縁のない有徳者にその地位を譲る）にも、放伐論（注：暴君や暗君を討伐して追放する）にもこれが出てくるわけです。

北条義時が子の泰時に京都に攻めあがらせるときに自己を正当化して、「これも先蹤《せんしょう》（注：先例）なきにあらず、周《しゅう》の武王《ぶおう》の時」といっていますから、自分の行動の弁明に勝手に中国の先例をもってきたわけですが、湯武《とうぶ》放伐論を自分の考え方の基礎にしている（注：中国の夏《か》王朝に仕えていた湯《とう》が桀《けつ》王の暴政をなくすため王を追放して殷《いん》王朝を開き、その殷王朝の紂《ちゅう》王の暴政をなくすため、武《ぶ》が討伐して周王朝を開いたことを是《ぜ》とする論。孟子の梁恵王《りょうけいおう》篇にある）。

孟子の影響をどれだけ日本人が受けたかは、たいへんむずかしい問題なんです。『日本書紀』（注：細かくいうなら、『日本書紀』などに記されている各天皇の治め方について、安積澹泊が論評した『大日本史論賛』。202ページ参照）を見ても出てきます。安康《あんこう》天皇のころはっきり出てきます。衆これを捨つることによる。いわゆる衆がこれを支持したがゆえに安康天皇が即位した。ところがその兄は淫虐《いんぎゃく》（注：みだらで残酷）にして、衆それを捨つるところとなる、と『大日本史論賛』に出てきますが、それで安康はこれを討ち、もって位に即《つ》く。あくまでもこれは天の意思は民心に現れる。天意＝人心論は『日本書紀』にも基本的に見られます。

徳川時代になると、孟子は四書（注：大学、中庸、論語、孟子）の一つで、聖典ですから、もちろん林羅山《はやしらざん》（注：朱子学派儒学者）でも、安積澹泊でも、孟子的発想というのはいくらでも出てきますが、貞永式目に出てくる発想も、相当孟子的です。ですから、民意が絶対という。民意通りのことをやっている限り、上皇《じょうこう》（注：位を退いた天皇）を島流しにして、天皇を廃位させてかまわない。ただし自分が民意にそぐわないことをやった場合は、自分がそれ以上の処罰を受けてもいたしかたがない。これは大体、北条泰時のもっている考え方です。

これはアジア的民主主義で、そうやっておりますと、それがごく自動的に宇宙の秩序に一致して、秩序は自動的に成立するとなります。ですから、ヨーロッパ人が、これはいちばん典型的な自然法学説だというのです。自然法といっていいかもしれません。ですから、善もなく悪もなく、自然であればよろしい。いわゆる自然ということは、親鸞《しんらん》にとっても決定的な要件で、すべて自然に従って、おのずからしかるべく状態になることがいい。

これは今いったような、むしろ中国思想から強く出てきているであろうと私は思います。この体制は、北条泰時のときにつくったわけですから、ごく自然に感じられるごとくというのは、彼にとって理の推《お》すところ、あるいは道理の推すところといっています。一種の自然法的な秩序という意味だと、大体私は理解していいと思います。

天意＝人心論というのは、決して近代民主主義ではない。ただこの二つが日本で混同されることは、確かにあると思います。近代的民主主義のいちばん基本にあるのは契約という概念であって、国民のほうも政府のほうも、契約に違反してはならない。

ところが、天意＝人心論にはそれがないのです。同時に、それがすぐ放伐論に結びつく。ここには暴力肯定があるわけで、投票という概念もないのです。だからこれは、契約投票抜きの民主主義というような形になってくる。これがいわゆる彼の議論ではないかと思うのです。おそらく中国をいちばん苦しめたのは、この議論ではないかと私は思うのです。

なぜ中国人のような偉大な民族が、投票という概念さえもち得なかったのか。本当に文化というのは不思議だという感じがするのです。だからその民心の帰趨《きすう》（注：行きついたところ）の示すところ、仁君《じんくん》（注：徳を備えた君主）のほうに人民が寄っていくから、それが兵を起こせば、自動的にこの暴君は討伐される。

その場合、暴君を討伐しても、それは決して反逆ではない。残賊の一匹夫《いちひっぷ》（注：もう君主ではなく、ただの〝道理をわきまえない男〟）を討つに過ぎず、と孟子はいっているわけですから、クーデター容認みたいなものです。

なぜそこまで考えた人が、投票に思いがいかなかったのかというのは、まことに不思議だという感じがするわけです。すぐそれが武力ということになってしまう。

ですから、日本人のいろんな過去の行動を見ますと、二・二六事件なんかでもそうですけど、まことにあれは湯武放伐論的です。天皇除外の湯武放伐、次に何をするかということを考えていないのです。残賊の匹夫を追い払ってしまえば、自動的に秩序ができてしまうという、これは孟子の発想からきているわけです。

つまり仁君が、たとえば自動的に北極星のようになってしまうわけです。それはその人間が徳をもっているかいないかだけであって、この場合法ではないのです。だから徳という概念というのは、内心の規範か外部の規範か、明らかでないのです。

世俗法、宗教法という判別は、中国にもなく、すべて徳である、ということになってしまう。ですから、士大夫《したいふ》は宗教にタッチするな、となるわけです。触れてはならない。

これもやっぱりわれわれのもっている伝統ですが、さて、それが百パーセントいいかどうかというと問題です。確かにわれわれはその中にいると楽なんです。ごく自然な、というのは日本人にとっていちばんいいことなんで、あいつは不自然なことばかりいうとか、不自然なことをやって、とかいうのはいけない。

金権政治をめぐって

問　金権政治はいつまでもよくならないのですか。

答　これは投票という伝統が日本にないからですね。しかし、これについて、私おもしろいと思うのは、投票がある程度根づいたのは日本だけなんです、アジアで……。買収があるとかなんとか、確かにいろいろいわれますけれど、投票の結果を絶対視するという考え方が、なぜ日本に根づいたのか。

たとえば中国で今投票をやって、買収でもなんでもいいです、その結果こう出た、だから劉少奇《りゅうしょうき》（注：文化大革命時代の反毛沢東《もうたくとう》派のリーダー）が正しいんであって、毛沢東はたとえば政権がなくなる。こういう方法が、買収でもなんでもいいから成り立つかというと、成り立たない。

韓国でも、これは実際成り立ちにくい。東南アジアも全然成り立たない。確かに金権もあるし、買収もある。みんな票田を耕すのに一生懸命だといっても、たいへんおもしろいのは、その結果出てきた投票の結果は、今の日本だと絶対なんですね。

なぜ日本人は、投票の結果を絶対化するか。これはたとえばユダヤ人なら不思議じゃないです。なにしろ神の声よりも投票が絶対だという伝統が、法律に関する限りはあるわけで、それがもうすでに千八百年たっていますから、そういう考え方をもっても不思議でないし、ギリシア人がそういう考え方をもっても、これまた不思議でない。

日本人がなぜ投票を絶対と思っているのか。これは、まだわからないのです。解いてみたいなぞなんです。ですから、今の世界において、いずれにしろ投票の結果が絶対化されているというのは例外です。日本、アメリカ、西欧ぐらいです。ですから、確かに金権、買収はありますが、ちょっと不思議なところなんです。

●初出一覧

第一章　誰が軍部の支配と戦争を許したか
「季刊 歴史と文学」一〇号所収「もう一つの『戦争責任』論」一九七四年一一月講談社
第二章　昭和天皇はなぜ自ら「立憲君主」と規定したか
『昭和天皇 全記録』（共著）「日本人と天皇」一九八九年五月講談社
第三章　日本人はなぜ「空気」に水を差せないか
「文化会議」昭和五五年一月号所収「『空気』の思想史」財団法人日本文化会議
第四章　昭和天皇はなぜ「憲法絶対」にこだわったか
「諸君！」一九八九年三月号所収「二・二六将校はなぜ許されなかったか？」文藝春秋
第五章　天皇なき天皇制思想がなぜ横行したか
「月刊エコノミスト」一九七四年一二月号所収「天皇なき天皇制思想の日本」毎日新聞社
第六章　正統と理想が問われた大変革から何がわかるか
「世界の中の日本Ⅸ」一九九〇年七月刊所収「明治維新の思想」拓殖大学
第七章　日本人の法意識から何が見えるか
「討論集会シリーズ№53」一九八一年三月刊所収「日本における法の考え方」尾崎行雄記念財団

本書は右記の初出一覧を再構成し、句読点を加える、注（注：＊＊）をつける等の新編集をしています。また本書には、今日の人権擁護の見地に照らして、不当、不適切と思われる表現がありますが、本書の性質や作品発表時の時代背景に鑑み一部を改めるにとどめました。（編集部）

著者略歴

一九二一年、東京都に生まれる。一九四二年、青山学院高等商業学部を卒業。野砲少尉としてマニラで戦い、捕虜となる。戦後、山本書店を創設し、聖書学関係の出版に携わる。一九七〇年、イザヤ・ベンダサン名で出版した『日本人とユダヤ人』が三〇〇万部のベストセラーに。以後、「日本人論」で社会に大きな影響を与えてきた。その日本文化と社会を分析する独自の論考は「山本学」と称される。評論家。山本書店店主。一九九一年、逝去。

著書には『私の中の日本軍』『「空気」の研究』（以上、文藝春秋）、『日本はなぜ敗れるのか』（角川書店）、『帝王学』（日本経済新聞社）、『なぜ日本は変われないのか』『日本人には何が欠けているのか』『日本教は日本を救えるか』『「知恵」の発見』『日本はなぜ外交で負けるのか』『戦争責任と靖国問題』『精神と世間と虚偽』（以上、さくら舎）などがある。

戦争責任《せんそうせきにん》は何処《どこ》に誰《だれ》にあるか
――昭和天皇《しょうわてんのう》・憲法《けんぽう》・軍部《ぐんぶ》

二〇一六年七月九日　第一刷発行

著者　山本七平《やまもとしちへい》

発行者　古屋信吾

発行所　株式会社さくら舎　http://www.sakurasha.com

東京都千代田区富士見一-二-一一　〒一〇二-〇〇七一

電話　営業　〇三-五二一一-六五三三　FAX　〇三-五二一一-六四八一

編集　〇三-五二一一-六四八〇

振替　〇〇一九〇-八-四〇二〇六〇

装丁　石間　淳

カバー写真　毎日新聞社提供

編集協力　山田尚道・渡部陽司・柴田暸（以上「山本七平先生を囲む会」）

印刷・製本　中央精版印刷株式会社

ISBN978-4-86581-061-5